Reprint Publishing

Für Menschen, Die Auf Originale Stehen.

www.reprintpublishing.com

Inhalt.

———— ✳ ————

Vorrede.

Der Unterzeichnete übergiebt hiermit der Oeffentlichkeit eine Arbeit, die mit Rücksicht auf den nahe bevorstehenden Zusammentritt der Reichscommission für die Währungsenquete in höchster Eile vollendet worden ist. Daraus ist es zu erklären, daß einzelne Punkte kürzer und deshalb auch summarischer behandelt sind, als es wünschenswerth erscheinen möchte, und daß die Literatur nur in geringem Maße Erwähnung und Berücksichtigung gefunden hat. Einige Mängel in der Form und im Ausdruck werden aus demselben Grunde entschuldbar erscheinen. Inhaltlich ist die Arbeit jedoch — wenigstens im Großen und Ganzen — abgeschlossen.

Lüneburg, den 15. Februar 1894.

Dr. Otto Heyn.

Einleitung.

Der in nächster Zeit zusammentretenden Währungsenquete-Commission ist die Aufgabe gestellt zu berathen, ob und in welcher Weise diejenigen Uebelstände, welche sich unter den gegenwärtigen Währungszuständen der Welt als Consequenzen der Vertheuerung des Goldes und der Entwerthung des Silbers für Deutschland ergeben haben, durch nationale oder internationale Maßnahmen beseitigt werden können.

Diese Uebelstände sind:

1. Die (vielleicht bereits eingetretene, jedenfalls aber zu befürchtende) Mehrbelastung aller derjenigen Schuldner, welche Goldgeld schulden, einschließlich der Staaten, Communen und sonstigen öffentlich-rechtlichen Corporationen;

2. die Bedrohung des gesammten Privatverkehrs durch die Gefahr der Entstehung von Geld- und Creditkrisen bei vorübergehend eintretender oder dauernder Goldknappheit;

3. die Benachtheiligung der gesammten einheimischen Production durch die Steigerung der Productionskosten in Folge der Disconterhöhungen der Notenbanken, insoweit diese zum Zwecke der Abwehr des Goldabflusses nach dem Auslande erfolgt;

4. die besondere Schädigung desjenigen Theils der inländischen Producenten, welche Artikel des internationalen Verkehrs herstellen, durch die Verschlechterung der Bedingungen ihres Absatzes:

   a. in der ganzen Welt, im Inlande und Auslande: in Folge der eingetretenen Erhöhung der Concurrenzfähigkeit derjenigen Länder, welche keine Goldwährung besitzen;

1*

b. in den Ländern ohne Goldwährung allein (außerdem
noch): in Folge der eingetretenen Beschränkung von deren
Kauffraft.

Von diesen Uebelständen wollen wir hier nur einen besonders
hervorheben, der bisher zu wenig beachtet worden ist. Das ist die Vertheuerung der gesammten einheimischen Production durch die Discont-
Erhöhungen der Notenbanken (Nr. 3). Die nachtheiligen Folgen dieser,
fast immer durch den Goldexport veranlaßten Maßregel für den gesammten
Verkehr eines Landes werden in der Regel weit unterschätzt. Das ist
insbesondere der Fall, soweit es sich um den „entgehenden Gewinn"
handelt, d. h. soweit die einheimische Production dadurch an ihrer
natürlichen Entfaltung gehindert wird. Und doch liegt es auf der Hand,
daß die einheimische Production sich sowohl im Inlands- als auch im
Auslandsverkehr bedeutend weiter ausdehnen könnte, wenn die Producenten
sicher wären, den Bankcredit nicht mit 5 %, wie z. B. noch letzthin in der
Zeit von Anfang August 1893 bis Anfang Januar 1894, sondern nur
mit 2½ %, wie in Frankreich, oder doch nur mit 3½ %, dem
gewöhnlichen Zinsfuße entsprechend, bezahlen zu müssen. Aber auch der
directe Verlust dürfte kaum allgemein beachtet sein. Derselbe beziffert sich
bei einer Disconterhöhung um 1½ % über den normalen Satz hinaus, da die
Erhöhung des Bankdiscounts regelmäßig eine entsprechende Erhöhung des
Privatdiscounts nach sich zieht, auf 162 Millionen Mark pr. Monat.
Das ergiebt sich, wenn man die bekannte Schätzung der Dortmunder
Handelskammer vom Jahre 1881*), betreffend die Mehrkosten der
deutschen Production gegenüber der französischen in den Jahren
1878-1880 zum Vergleiche heranzieht. Die Summe dieser Mehrkosten, die aus der damaligen Discontdifferenz von 1,67 %
erwuchsen, ist für jene Zeit auf 1169 Millionen Mark pr. Jahr
berechnet worden. Bei dieser Berechnung wurde angenommen, daß der
Reichsbankumsatz, der sich damals auf 56 Milliarden Mark belief, den
20. Theil des gesammten geschäftlichen Werthverkehrs in Deutschland
darstelle; daß nur bei der Hälfte desselben eine Zinsenberechnung
eintrete; und daß die Verzinsung durchschnittlich für 1½ Monate (⅛ Jahr)
erfolge. Bedenkt man nun, daß der Reichsbankumsatz im Jahre 1892
nahezu das Doppelte, nämlich 104 Milliarden Mark, betragen hat, so
ergiebt sich bei einer Discontdifferenz von 1½ %, wie sie die erwähnte
Disconterhöhung der Reichsbank im Jahre 1893 dem normalen Discontsatze
gegenüber hervorrief, ein Verlust von 1950 Millionen Mark pr. Jahr
oder, wie angegeben, 162 Millionen Mark pr. Monat. Darnach

---

*) Abgedruckt bei Oldekop: Für internationale Doppelwährung. Berlin 1886.
Seite 26.

hätten die deutschen Producenten in Folge jener Disconterhöhung, die fünf Monate andauerte, allein für den kurzfristigen Credit 810 Millionen Mark (die in die Taschen der Capitalisten geflossen sind) mehr aufwenden müssen, als es sonst erforderlich gewesen wäre. Sollte nun auch die hier zu Grunde gelegte Schätzung der Dortmunder Handelskammer zu hoch gegriffen oder auf die heutigen Verhältnisse nicht mehr anwendbar sein, und sollten unsere Zahlen demgemäß erheblich verkleinert werden müssen, so würden sie doch, selbst dann, wenn wir die Hälfte abstreichen, noch keineswegs ihre unheilvolle Bedeutung verlieren. Die etwaige Rückwirkung der Vertheuerung des kurzfristigen Credits auf den langfristigen Credit, die bei dauernder Erhöhung des Bankdiscontos nicht ausbleiben kann, weil sich um so mehr Capital dem Discontgeschäft zuwendet, ist dabei noch gar nicht einmal in Anschlag gebracht.

Unter solchen Umständen wird allein schon die bei den gegenwärtigen Währungszuständen fortwährend drohende Gefahr einer Disconterhöhung es als dringend wünschenswerth erscheinen lassen, mit allen Kräften an der Lösung der Währungsfrage zu arbeiten. Hoffen wir, daß es der Währungscommission, welcher diese Aufgabe gestellt ist, gelingt, dieses Ziel zu erreichen.

Welche Wege zum Zwecke der Beseitigung der erwähnten Uebelstände einzuschlagen sind, ergiebt sich, wenn man die letzten Ursachen derselben näher in's Auge faßt. Daß sie zum Theil auf die Vertheuerung des Goldes, zum Theil auf die Entwerthung des Silbers zurückzuführen sind, haben wir bereits ausgesprochen. Dieser Satz muß aber näher dahin präcisirt werden, daß die Vertheuerung des Goldes die alleinige Ursache der meisten unter ihnen bildet. Das ergiebt sich bei einer näheren Betrachtung von selbst. Die Goldvertheuerung vermag allein eine Mehrbelastung derjenigen Schuldner, welche Goldgeld schulden, herbeizuführen. Sie allein ist die Veranlassung des herrschenden Kampfes um das Gold, der die Gefahr des Eintritts von Geld- und Creditkrisen hervorruft und die Erhöhung des Bankdiscontos zum Nachtheil der gesammten Production nothwendig macht. Sie ist es endlich auch, welche die „anomale" Stärkung der Exportfähigkeit und die Schwächung der Importfähigkeit aller Länder mit Papierwährung*) ausschließlich und aller Länder mit Silberwährung wenigstens zum Theil verschuldet. Die Entwerthung des Silbers kommt lediglich insoweit in Betracht, als sie die Stärkung der Exportfähigkeit und die Schwächung der Importfähigkeit der Länder mit Silberwährung noch erhöht. Hieraus ergiebt sich ohne Weiteres, daß es für die Beseitigung der vorhandenen Schäden vor allem

---

*) Das gilt auch für den Fall, daß die Papierwährung auf Silber „basirt" ist, wie die späteren Erörterungen darthun werden.

darauf ankommt, die Vertheuerung des Goldes zu verhüten oder unschädlich zu machen, weniger darauf, die Entwerthung des Silbers zu beseitigen. Das gilt um so mehr, als der nachtheilige Einfluß der letzteren bereits durch die am 21. Juni 1893 erfolgte Schließung der indischen Münzstätten, welche wenigstens die fernere Steigerung der Exportfähigkeit Indiens ausschließt, auf ein relativ geringes Maß zurückgeführt ist.

Als Heilmittel ist seitens der Regierung die Hebung des Silberpreises vorgeschlagen worden. Darüber, wie das geschehen soll, ist Näheres nicht bekannt gegeben. Die Hebung des Silberpreises kann nun aber nach den vorstehenden Erörterungen offenbar nur dann eine genügende Heilwirkung ausüben, wenn sie zugleich dazu dient, die Vertheuerung des Goldes als die Hauptursache aller Uebelstände zu beseitigen oder unschädlich zu machen. Halten wir das vor Augen und berücksichtigen wir ferner, daß die Goldvertheuerung in einer gesteigerten Nachfrage nach Gold zu monetären Zwecken ihren Grund findet, so kann es nur beabsichtigt sein, den Silberpreis dadurch zu heben, daß eine ausgedehntere Verwendung des Silbers zu monetären Zwecken an Stelle des Goldes angebahnt wird. Letzteres kann geschehen: entweder durch die — internationale — Einführung des Bimetallismus oder durch die — internationale — Förderung der Verwendung von Silbergeld, bezw., da dieses in größeren Stücken zu unbequem ist, von Silbercertificaten an Stelle des Goldes. Die Aussichten dazu, daß das gelingt, sind gering. Das ist noch vor Kurzem von dem Reichsbankpräsidenten Dr. Koch (in der Sitzung des preußischen Herrenhauses vom 18. Januar d. Js.) hervorgehoben worden und das wird ja auch durch das Scheitern der vielen Münzconferenzen der letzten Zeit genugsam bewiesen. Sollte es aber dennoch gelingen, das gesteckte Ziel zu erreichen, so würde doch auch im günstigsten Falle nur ein unsicherer Zustand geschaffen werden, dessen Aufrechterhaltung einerseits von der Vertragstreue der Conventionsstaaten und andererseits davon abhinge, daß die der Convention nicht angehörigen Staaten ihre Nachfrage nach Gold zu monetären Zwecken nicht erhöhen, also insbesondere nicht an Stelle einer Papierwährung oder Silberwährung die Goldwährung einführen. Anderenfalls bricht der Kampf um das Gold von neuem los und die alten Uebelstände kehren wieder. Das geschieht dann aber wahrscheinlich sogar in verstärktem Maße, weil dann der Beweis für die Unzulänglichkeit einer vertragsmäßigen Vertheilung der „kurzen Golddecke" geliefert ist und deshalb jeder Staat darnach trachten wird, den größten Zipfel für sich zu erhaschen.

Es giebt nun ein anderes Mittel, welches geeignet ist, die Vertheuerung des Goldes unschädlich zu machen, ja diese Vertheuerung selbst zu verhindern, ohne dafür andere Uebelstände neu einzuführen; ein Mittel, welches von jedem Staate allein, aber auch von allen Staaten der Welt zusammen angewendet werden kann, ohne daß es erst einer internationalen Vereinbarung bedarf; ein Mittel endlich, dessen Anwendung nicht nur keine Kosten verursacht, sondern sogar noch Kosten erspart. Das ist die Einführung einer nationalen Papierwährung bei gleichzeitiger Regelung des internationalen Verkehrs unter Benutzung des Goldes.

Eine solche „Papierwährung mit Goldreserve für den Auslandsverkehr", wie wir sie nennen, ist eine wirkliche und zwar eine reine Papierwährung. Ihre Einführung setzt daher die Existenz-fähigkeit der Papierwährung an sich voraus.

Die Papierwährung wird nun fast allgemein als ein krankhafter Zustand angesehen.*) Allerdings war sie auch thatsächlich bisher immer wenigstens das Zeichen eines krankhaften Zustandes. Denn sie ist immer nur als Nothbehelf betrachtet und nur von Staaten mit zerrütteter Finanzwirthschaft eingeführt worden. Sie war immer nur das letzte Mittel, um in unruhigen und unglücklichen Zeiten Geld zu beschaffen, wenn die Steuerkraft des Landes erschöpft war und der Staatscredit nicht ausreichte, um eine Anleihe zu machen, ohne übermäßige Opfer zu bringen. Ihre Begleiterscheinungen konnten unter solchen Umständen natürlich nur von der schlimmsten Art sein. Aber es waren eben auch nur Begleiterscheinungen, die möglicherweise in der wirthschaftlichen Lage des Landes begründet sein konnten und deren Verhütung für den Fall des Bestehens einer anderen Währung nicht bewiesen war. Freilich lag es nahe, sie als Consequenzen der Papierwährung anzusehen und diese dafür verantwortlich zu machen. Daß das wirk-lich geschehen ist, wird um so mehr verzeihlich erscheinen, als alle Staaten, welche gezwungen gewesen sind, die Papierwährung bei sich einzuführen, mit allen Kräften darnach getrachtet haben, zu dem „gesunden" System einer offenen Metallwährung zurückzukehren und ihre „unterwerthige" Valuta zu „reguliren", wie das jetzt eben noch Oesterreich-Ungarn zu thun sich anschickt.

Principielle Bedenken, die von rein theoretischem Standpunkte aus erhoben werden, kommen nun noch hinzu. Man hält nämlich für erwiesen, daß das Papiergeld die Functionen des Geldes nicht, oder doch nicht selbständig, jedenfalls aber nicht so gut erfüllen könne wie das Metallgeld, wenigstens nicht so gut wie das Goldgeld einer offenen Gold-währung. Man bezeichnet die Papierwährung als etwas „Künstliches" und hält das Papiergeld für ein „Creditgeld", das aus inneren Gründen

---

*) Eine bemerkenswerthe Ausnahme macht **Gruber**: Nationales oder Inter-nationales Geld. Wien 1892.

nothwendig schwanken müsse, weil es der „natürlichen" metallischen Basis entbehre. Man weist darauf hin, daß die Menge des umlaufenden Geldes bei einer Papierwährung nicht durch die großen Gesetze des Verkehrs „natürlich" und deshalb auch „richtig" geregelt werde wie bei einer offenen Metallwährung, und bezeichnet es als einen Nachtheil, daß der Staat allein nach seiner „Willkür" darüber entscheide.

So wird denn die Papierwährung von Theoretikern und Praktikern fast einstimmig verurtheilt. Aber die Ueberzeugungskraft dieses Urtheils muß doch zum mindesten erschüttert werden, wenn man sich einige besondere Thatsachen aus der Geschichte unserer Zeit vergegenwärtigt. Da ist zu sehen, daß Frankreich unter der Papierwährung in den Jahren 1870—1878 (zur Zeit der „Banksperre") von den Schäden eines großen Krieges sich merkwürdig rasch erholt hat, und daß Oesterreich-Ungarn in den ruhigen Zeiten seit 1866 — vielleicht trotz seiner Papierwährung — mächtig aufgeblüht und erstarkt ist.*) Wir finden ferner, daß das Princip der „natürlichen" Selbstregulirung der Menge des umlaufenden Geldes durch die Gesetze des Verkehrs an Stelle der Gesetze des Staates keineswegs immer als allein richtig betrachtet worden ist; denn sonst würden Frankreich und Belgien und Oesterreich nicht im Jahre 1878 (bezw. 1879) und Indien nicht noch kürzlich sich veranlaßt gesehen haben, ihre Münzstätten dem Silber zu verschließen. Wir finden endlich, daß der Glaubenssatz, es gäbe kein Gut, das in seinem Werthe constanter sei als das Gold, und daß das Gold deshalb dazu prädestinirt sei, den Geldkörper zu bilden, zu wanken anfängt; denn sonst würden nicht die vielen internationalen Münzconferenzen zusammengetreten sein, die nicht etwa den Zweck hatten, die allseitige Einführung der Goldwährung zu empfehlen, sondern eher diese zu hindern oder doch — mit Rücksicht auf die kurze Golddecke — zu modificiren.

Aus alledem ergiebt sich natürlich noch kein Beweis, ja kaum ein Indiz für die Vortrefflichkeit oder wenigstens die Unschädlichkeit einer Papierwährung. Aber es zeigt doch einerseits, daß die Schattenseiten einer „Papierwirthschaft" keine nothwendigen Begleiterscheinungen der Papierwährung sind, und es zeigt andererseits, daß einige von den Sätzen, auf welche sich die Annahme gründet, daß nur eine metallische und zwar eine offene Währung ein „gesunder" Zustand sei, in der Praxis, als sie auf die Probe gestellt wurden, sich nicht immer als richtig erwiesen haben.

---

*) Daß beide Staaten, dem Zuge der Zeit folgend und von dem Wunsche beseelt, ihre Währung derjenigen ihrer Nachbarstaaten anzupassen, zur Metallwährung zurückgekehrt sind bezw. im Begriff sind das zu thun, spricht nur dafür, daß sie die erstrebte Metallwährung für noch besser halten, nicht aber dagegen, daß sie unter der Papierwährung blühende Zeiten erlebt haben.

So wird es denn nicht als völlig absurd erscheinen, wenn wir entgegen der allgemeinen Meinung behaupten, daß die Papierwährung für den nationalen Verkehr schon an sich besser ist als jede Metallwährung, insbesondere besser als die in Deutschland geltende offene Goldwährung, und daß sie für den internationalen Verkehr durch eine „Goldreserve" so ausgestattet werden kann, daß sie wenigstens die gleichen Vortheile gewährt wie jene. Ergiebt sich dann ferner, daß die Papierwährung, an sich frei von dem nachtheiligen Einflusse der Goldvertheuerung, auch durch die Bildung jener Goldreserve diesem Einflusse nicht unterworfen wird, und daß auch anderweitige Mängel nicht als Consequenzen eintreten, so wird sie gewiß als das rechte Mittel erscheinen, um die Währungsfrage zur entgültigen Lösung zu bringen.

A. Erfordernisse eines guten Geldes.

Geld ist dasjenige Gut, dessen einzige oder doch wesentliche Bestimmung es ist: den Tauschverkehr zu vermitteln und dem Zahlungsverkehr zu dienen. Währung ist dasjenige Geld, welches innerhalb eines bestimmten Staatsgebietes (unbeschränkte) gesetzliche Zahlkraf besitzt.

Es giebt nur zwei wesentliche Functionen des Geldes: diejenige des allgemeinen Tauschmittels und diejenige des Zahlmittels.

Alle übrigen sogenannten Functionen des Geldes, — diejenige eines Werthmessers, eines Preismaßstabes, eines Werthaufbewahrungs- und Werthtransportmittels —, sind unselbständiger Natur und ergeben sich als nothwendige Consequenzen aus der Function des Geldes als allgemeines Tauschmittel*). Das gilt von der „Function" als Preismaßstab, weil die Preise mit Nothwendigkeit in Einheiten des allgemeinen Tauschmittels bemessen und zum Ausdruck gebracht werden müssen; von der Werthmesserfunction, weil es nur der Tauschwerth ist, den das Geld mißt, und weil der Tauschwerth eines Gutes sich aus den Preisen ergiebt, welche die Käufer für dasselbe bezahlen. Die Verwendung des Geldes als Werthaufbewahrungsmittel, die sein Gutscharakter und seine Werthbeständigkeit ermöglichen, tritt sogar mit seiner eigentlichen Bestimmung in Widerspruch.

Die Function des allgemeinen Tauschmittels erfüllt das Geld, indem es im Tauschverkehr entweder selbst als Tausch-Aequivalent von Hand zu Hand geht (Baarverkehr) oder, falls Verpflichtungen als Aequivalent übernommen werden, indem es den Gegenstand dieser Verpflichtungen bildet (Creditverkehr). Die Function eines Zahlmittels erfüllt das Geld, indem es den Gegenstand einseitiger Leistungen (Zahlungen) bildet, die entweder zur Erfüllung von Verpflichtungen contractlicher oder delictischer Natur aus dem Gebiete des Privatrechts oder zur Beschaffung unfreiwilliger Leistungen öffentlich rechtlichen Charakters (Steuern, Geldstrafen rc.) oder endlich zum Zwecke von Schenkungen erfolgen.

---

*) Vergl. **Menger** in Conrads Handwörterbuch der Staatswissenschaften 1893. Artikel „Geld". Band III. S. 731 ff. 752.

Die Zahlmittelfunction verdankt das Geld im wesentlichen seiner Verwendung als allgemeines Tauschmittel. Das gilt schon deshalb, weil die Erfüllung vertragsmäßiger Verpflichtungen nur dann mittels Bezahlung von Geld erfolgen kann, wenn dieselben auf Geld lauten; und sie lauten nur deshalb auf Geld, weil Geld das allgemeine Tauschmittel ist. Für die sonstigen Zahlungen aber ist gerade das allgemeine Tauschmittel am besten geeignet, weil es von dem Empfänger am besten zu verwerthen und von dem Zahlenden im Allgemeinen auch am leichtesten zu beschaffen ist. Das allgemeine Tauschmittel wird deshalb auch immer das allgemeine Zahlmittel sein. Es kann aber diese Function in vollem Umfange nur dann erfüllen, wenn es dazu mit gesetzlicher Zahlkraft noch besonders ausgestattet ist.

Um die Function des allgemeinen Tauschmittels erfüllen zu können, muß das Geld folgende Eigenschaften besitzen:

1. Es muß wirthschaftlichen Werth für den Erwerber besitzen; denn nur Güter von wirthschaftlichem Werthe können dem Erwerber ein Aequivalent für die von ihm beim Tausche preisgegebenen eignen Güter bieten; solche Güter sind daher auch allein geeignet den Gegenstand des Tauschverkehrs zu bilden.

2. Es muß „Werth-Universalität" d. h. wirthschaftlichen Werth für alle Erwerber, soweit sie nicht Waaren eintauschen wollen, also für alle „Geldcontrahenten"*), besitzen; denn es kann nur dann gegen jede Waare ausgetauscht werden, also als allgemeines Tauschmittel fungiren, wenn jeder Waarenbesitzer ihm wirthschaftlichen Werth beilegt.

3. Es muß (örtliche Werthgleichheit) „Werth-Uniformität" d. h. gleiche Kaufkraft gegenüber jedem Waarenverkäufer zu gleicher Zeit besitzen; denn nur dann kann es ohne Schaden gerade da zum Tausche verwendet werden, wo das Interesse des Eigenthümers seine Verwendung verlangt.

4. Es muß „Werth-Constanz" (zeitliche Werthgleichheit) besitzen d. h. es müssen die Modalitäten seiner Verwerthung und seiner Beschaffung unverändert bleiben; denn nur dann vermögen einerseits die Erwerber und Stipulatoren, andererseits die Promittenten des Geldes das Tauschäquivalent für Waarenleistungen (und im Leihverkehr auch für Geldleistungen) ohne

---

*) Zu den „Geldcontrahenten" gehören bei herrschender Metallwährung nicht auch diejenigen Contrahenten, welche das Metallgeld in seiner Eigenschaft als Gewichtsmenge Metall erwerben, um es zu industriellen Zwecken oder zur „Production" d. h. Ausmünzung ausländischen Geldes zu verwerthen.

Schwierigkeiten richtig abzuschätzen, weil einerseits die Verwerthung und andererseits (im Creditverkehr) auch die Beschaffung des Geldes erst nach Ablauf einer kürzeren oder längeren
Frist erfolgt.

5. Es muß einen im Verhältniß zu seinem Volumen und Ge-
wichte hohen wirthschaftlichen Werth und eine bequeme, den
Bedürfnissen des Großverkehrs und des Kleinverkehrs angepaßte
Form, kurz „Handlichkeit", besitzen; denn es darf, wenn es
von Hand zu Hand geht, keine Unbequemlichkeiten verursachen und
es muß auch die Umsetzung großer Summen gestatten, ohne
daß aus Transport und Aufbewahrung erhebliche Kosten
erwachsen.

Das sind die allgemeinen Erfordernisse eines guten Geldes. Zum
Zwecke der unbeschränkten Erfüllung der Zahlmittelfunction kommt dann
die Ausstattung mit gesetzlicher Zahlkraft noch hinzu.

Prüfen wir nun, ob das Papiergeld diese Eigenschaften überhaupt, und ob es sie in einem mindestens ebenso hohen Maße besitzt
wie das Metallgeld und zwar das vermeintlich beste Metallgeld: das
Goldgeld einer offenen Goldwährung.

B. Die Geldfähigkeit des Papiergeldes.

I. Begriff des Papiergeldes und äußere Verhältnisse einer Papierwährung in den modernen Staaten Europas.

Unter Papiergeld verstehen wir das gesetzlich mit unbeschränkter Zahlkraft ausgestattete, uneinlösbare Papiergeld; dasjenige Papiergeld also, welches Währung ist ebenso wie das metallische Courantgeld.

Wir setzen dabei die Verhältnisse eines modernen parlamentarisch regierten Staates, insbesondere die Verhältnisse Deutschlands voraus.

In einem solchen Staate kann die Ausgabe von Papiergeld nur auf Grund eines besonderen Gesetzes erfolgen. Das Zustandekommen der Gesetze erfordert einen übereinstimmenden Beschluß der Regierung und der Volksvertretung. Alle Gesetze werden unter strenger Wahrung erworbener Rechte oder doch unter voller Entschädigung bei etwaiger Verletzung erlassen. Insbesondere gilt das Eigenthum der Staatsbürger als unverletzlich; dasselbe darf nur auf dem Wege der Gesetzgebung und nur durch Besteuerung in Anspruch genommen werden. Die Verwaltung des Staates liegt in den Händen von Personen, denen die Beobachtung der bestehenden Gesetze als unabweisbare Pflicht gilt, und die für ihre Handlungen persönlich verantwortlich sind.

In solchen Staaten ist die absichtliche oder auch nur bewußte Herbeiführung einer Entwerthung des Papiergeldes durch Acte der Staatsorgane völlig ausgeschlossen. Für die Acte der Verwaltung liegt das auf der Hand. Es gilt aber auch für die Gesetzgebung. Die bewußte Herbeiführung einer Entwerthung des Geldes ist nämlich nichts anderes als eine Beraubung aller derjenigen Staatsbürger, deren Vermögen in Geld und, was besonders wichtig ist, in Geldforderungen (Hypotheken, Staatspapiere, Buchforderungen) besteht. Alle Gesetze, welche auf eine Entwerthung des Papiergeldes abzielen, würden also eine Verletzung des Privateigenthums eines Theils der Staatsbürger enthalten. Ihr Erlaß würde gegen die Principien der Gesetzgebung verstoßen. Derselbe darf daher unter keinen Umständen erfolgen. Die Gefahr, daß das trotzdem geschehen könnte, erscheint aber völlig ausgeschlossen. Das gilt schon deshalb, weil die Mitglieder der gesetzgebenden Körperschaften selbst, soweit sie nicht stark verschuldet sind, ein persönliches Interesse daran haben, daß der Werth des Geldes erhalten bleibt, und weil die öffentliche Kritik der parlamentarischen Verhandlungen einen Beschluß, der das allgemeine Wohl so sehr beeinträchtigt, niemals zu Stande kommen lassen würde.

Diese Erwägungen gelten auch für Krisenzeiten, also für den Fall, daß etwa die vermehrte Ausgabe von Papiergeld als Mittel zur Geldbeschaffung in Betracht gezogen werden könnte, um den Staat aus einer Finanznoth zu befreien. Auch eine solche Finanznoth kann es nämlich nicht gerechtfertigt erscheinen lassen, einen Raub an dem Eigenthum der Staatsbürger zu begehen, und kein Parlament, welches in der Lage ist die Tragweite eines solchen Schrittes zu übersehen, wird sich dazu herbeilassen das zu bewilligen. Selbst im Falle eines „Nothstandes" würden andere Mittel angewendet werden müssen, um nicht zu sehr gegen die Principien des Rechts zu verstoßen. Eine „Zwangsanleihe", d. h. eine einfache Beschlagnahme unter Vorbehalt der späteren Erstattung würde dann immer noch eher gerechtfertigt sein, wenn sie auch ein noch schlimmeres Ansehen hat; denn bei einer Zwangsanleihe kann der dem einzelnen zugefügte Schaden später erstattet werden, während das bei einer Entwerthung des Papiergeldes wegen der (praktischen) Unmöglichkeit der Beweisführung ausgeschlossen ist. Nun ist aber weiter zu berücksichtigen, daß ein solcher „Nothstand" überhaupt nicht eintreten kann. Es wird immer möglich sein, die Geldbedürfnisse des Staates, wenn nicht durch die Erhebung von Steuern, so doch auf dem Anleihewege zu decken. Gerade die im Hintergrunde drohende Gefahr der Herbeiführung einer Entwerthung des Papiergeldes und die Gefahr einer Zwangsanleihe tragen dazu bei, das zu erleichtern. Das ergiebt sich, wenn man berücksichtigt, daß diese Gefahren gerade diejenigen am meisten bedrohen, die dem creditsuchenden Staate das Geld verweigern oder ihm eine Anleihe übermäßig erschweren können; denn sie sind als Besitzer von Geld und Geldforderungen gerade diejenigen, welche bei einer Entwerthung des Geldes Schaden erleiden würden, während die Besitzlosen dadurch kaum berührt werden. Es kommt endlich in Betracht, daß es Mittel giebt, um der Entstehung einer Finanznoth überhaupt vorzubeugen, und daß eine einsichtige Regierung von diesen Mitteln auch Gebrauch macht, wie das Beispiel Deutschlands mit seinem Kriegsschatze beweist. Es kann nämlich ein Reservefonds angelegt werden, und diese Anlage kann bei dem Uebergange eines Staates von der Metallwährung zur Papierwährung ohne Schwierigkeit in beliebiger Höhe erfolgen, weil das ersparte Metall die Mittel dazu gewährt. Hohe Kosten würden daraus nicht entstehen; denn ein solcher Reservefonds könnte ebenso wie die Reservefonds der Banken und industriellen Gesellschaften in zinstragenden Papieren angelegt werden. Es müßten nur Anleihepapiere auswärtiger Staaten und zwar solcher Staaten ausgewählt werden, die sich in gesunden Verhältnissen befinden und bei denen die Gefahr ausgeschlossen erscheint, daß sie mit dem einheimischen Staate als Gegner, und daß sie als Verbündete desselben und deshalb zu gleicher Zeit in einen Krieg gerathen. Die Verwerthung solcher Papiere zur Deckung der eignen Finanznoth in Krisenzeiten würde nicht nur nicht mit Schwierigkeiten verknüpft und verlustbringend sein, sondern sich gerade leicht vollziehen und sogar noch einen Gewinn abwerfen, weil in solchen Zeiten sichere Papiere mit höheren Preisen bezahlt werden.

Aeußere und innere Gründe lassen es somit als ausgeschlossen erscheinen, daß in den modernen Staaten, vor allem in Deutschland, eine Entwerthung des Papiergeldes durch Acte des Staates absichtlich oder doch mit Bewußtsein herbeigeführt werden könnte. Das ist die Voraussetzung, von der wir bei den folgenden Erörterungen ausgehen.

II. Geldfähigkeit des Papiergeldes im Inlandsverk[ehr]

a. Theoretische Beweisführung.

1. Gesetzliche Zahlkraft und Handlichkeit des Papiergel[des]

Es kann zunächst einem Zweifel nicht wohl unterliegen, daß Papiergeld, was die Eigenschaft der gesetzlichen Zahlkraft anl[angt] dem metallischen Währungsgelde völlig gleichsteht, oder doch dems[elben] völlig gleichgestellt werden kann. Denn die Beilegung gesetzlicher [Zahl-]kraft ist lediglich ein Act staatlicher Gesetzgebungsgewalt und der s[taat] vermag das Papier eben so gut mit jener Eigenschaft auszustatten [wie] das Metall. Der Staat hat sogar unter übrigens gleichen Umstä[nden] d. h. wenn das Papiergeld sonst geeignet ist die Functionen des G[eldes] zu versehen, ein größeres Interesse daran das Papier zum Träger [der] gesetzlichen Zahlkraft zu machen, weil ihm aus der Beschaffung [der] erforderlichen Umlaufsmittel, soweit sie ihm obliegt, bei einer P[apier-]währung fast gar keine Kosten erwachsen. Er hat ein Interesse [auch] daran, das Metall, falls es diese Eigenschaft schon besitzt, derselbe[n zu] berauben, um sie dem Papiere beizulegen, weil er dann in der Lag[e ist] den bisher „latenten" Reichthum, der in einer Metallcirculation [liegt,] für seine Zwecke nutzbar zu machen. Freilich ergiebt sich aus der Cre[irung] des Papiergeldes die Consequenz, daß der Staat selbst sich dami[t be-]gnügen muß, seine eignen Einnahmen an Steuern ꝛc. in Papi[er zu] beziehen. Das ist für ihn aber auch kein Nachtheil; denn er k[ommt] regelmäßig gar nicht in die Lage, Metall für seine Zwecke benutz[en zu] müssen. Letzteres ist nur dann der Fall, wenn er etwa die Zinsen [von] Anleihen in Metall zu bezahlen sich verpflichtet hat, oder wenn [er es] ausnahmsweise für geboten hält den Staatsbedarf im Auslan[de zu] decken und dazu mit dem Auslande direct zu contrahiren. Für [diese] Zahlungen kann er aber das erforderliche Metall jederzeit gegen P[apier-]geld im Inlande kaufen, ohne daß ihm dadurch größere Kosten erw[achsen] als wenn er in der Lage wäre das im Steuerwege eingehende Geld [nur] zu diesen Zahlungen zu verwenden, wie das bei einer Metallwä[hrung] (gleicher Art) der Fall ist.

Was ferner das Erforderniß der Handlichkeit des Geldes anlangt,
so bedarf es keiner weiteren Ausführung darüber, daß das Papiergeld
auch in dieser Beziehung dem Goldgelde wenigstens ebenbürtig zur Seite
steht, wenn nicht überlegen ist. Für den Kleinverkehr und insbesondere
für den kleinsten Verkehr besitzt das Papiergeld die Eigenschaft der Handlichkeit allerdings nicht. Für diesen Verkehr ist nur Metallgeld geeignet.
Insoweit ist jedoch, wenn auch aus anderen Gründen, das Goldgeld
ebenfalls nicht verwendbar. Uebrigens ist dieser Mangel bei einer Papierwährung ebenso wie bei einer Goldwährung leicht dadurch zu beseitigen,
daß silberne und kupferne oder legirte Scheidemünzen als Nebengeld
geschaffen werden.

2. Der wirthschaftliche Werth des Papiergeldes.

α. Der wirthschaftliche Werth im Allgemeinen.

Um beurtheilen zu können, ob das Papiergeld ein Gut von
wirthschaftlichem Werthe ist, müssen wir uns zunächst klar machen, was
„Werth" eigentlich ist, und was insbesondere „wirthschaftlicher Werth" ist.

Das Wort „Werth" wird in einem doppelten Sinne gebraucht,
in einem subjectiven und in einem objectiven. Werth im subjectiven
Sinne ist gleich Bedeutung, und zwar Bedeutung für eine bestimmte
Person zur Erreichung irgend eines persönlichen Zweckes. Werth im
objectiven Sinne ist gleich Kraft und bezeichnet die Fähigkeit eines Gutes,
bei zweckentsprechender Verwendung unter normalen Verhältnissen ein
bestimmtes Ergebniß zu liefern, schlechthin, ohne Rücksicht auf bestimmte
einzelne Personen; so z. B. in Nährwerth, Heizwerth, Tauschwerth
(gleich Nährkraft, Heizkraft, Tauschkraft oder Kaufkraft).

Werth als Gattungsbegriff des wirthschaftlichen Werths ist Werth
im subjectiven Sinne; Werth ist hier gleich Bedeutung, und zwar
Bedeutung für die Person des Schätzenden zur Erreichung seines vor-
nehmsten Zweckes: Befriedigung seiner Bedürfnisse geistiger oder körper-
licher Art.

Werth (in diesem Sinne) ist nichts Objectives, Greifbares; keine
Verhältnißzahl oder Gleichung zwischen verschiedenen Gütern; keine bereits
gemessene oder in irgend einer Form für die Außenwelt zum Ausdruck
gebrachte Größe. Werth ist vielmehr etwas durchaus Subjectives, eine
bloße Empfindung des Schätzenden; eine Empfindung, ebenso wie die

Größe, die Länge, die Breite empfunden werden, nur keine Empfindung
des Raumbewußtseins wie hier, sondern eine Empfindung des allgemeinen Lebensbewußtseins, welche durch die Befriedigung oder Nichtbefrie-
digung bestimmter einzelner Bedürfnisse hervorgerufen wird. Der Werth
existirt, ohne gemessen und in Zahleneinheiten eines Maßstabes ausgedrückt zu sein, wie das auch für jede Raumgröße gilt. Der Werth hat
aber vor den Raumgrößen voraus, daß er der Messung und der Verlaut-
barung in Maßeinheiten gar nicht einmal bedarf, um völlig klar zum
Bewußtsein zu kommen und mit seinesgleichen sicher und ohne Gefahr
eines Irrthums verglichen werden zu können.

Werth (in diesem Sinne) ist etwas ganz anderes als „Tauschwerth". Tauschwerth ist etwas durchaus Objectives; keineswegs nur
eine von den persönlichen Verhältnissen des Schätzenden abhängige Bedeutung eines Gutes für dessen eigne Bedürfnißbefriedigung, keine bloße Empfindung. Tauschwerth ist gleichbedeutend mit Tauschkraft oder Kaufkraft.
Er bezeichnet also die Fähigkeit eines Gutes, seinem Besitzer im Wege des
Tausches andere Güter zu verschaffen. Er ist eine durch die Gesetze des
Verkehrs bestimmte reale, wenn auch nicht natürliche, Eigenschaft der Güter,
welche diesen eine besondere Bedeutung für die Bedürfnißbefriedigung
verleiht. Er ist aber nicht diese Bedeutung selbst. Seine Größe wird
nicht bestimmt durch die Intensität der persönlichen Bedürfnisse des
Schätzenden wie die Größe des subjectiven Werths, sondern durch
den Preis, den andere Menschen als Käufer für das „tauschwerthe"
Gut bezahlen. Der Tauschwerth bildet, wenn er in Betracht kommt,
den Gegenstand der Werthschätzung; der Werth im subjectiven Sinne
ist das Ergebniß derselben.

Wirthschaftlicher Werth ist Werth im subjectiven Sinne, also Bedeutung für die Bedürfnißbefriedigung des Schätzenden, aber Bedeutung
insofern, als diese Befriedigung durch eine besondere wirthschaftliche
Thätigkeit gesichert wird.

Wirthschaften ist diejenige Thätigkeit des Menschen, welche den
Zweck verfolgt, ihm die Befriedigung aller seiner Bedürfnisse im möglichst
vollkommenem Maße zu sichern und ihm — eventuell unter Aufopferung
der Befriedigung eines geringeren Bedürfnisses zum Zwecke der Sicherung
der Befriedigung eines höheren — eine möglichst große Bedürfnißbefriedigung im Ganzen zu verschaffen.

Dieser Zweck wird erreicht durch den Besitzerwerb und die Erhaltung des Besitzes von Gütern, welche einerseits geeignet sind im
Falle ihrer zweckentsprechenden Verwendung demjenigen, „für den
gewirthschaftet wird", Bedürfnißbefriedigung zu gewähren, und die
andererseits nicht überall und nicht zu jeder Zeit und deshalb auch nicht
mit Sicherheit gerade in demjenigen Augenblicke zu beschaffen sind, in

welchem ein bestimmtes Bedürfniß Befriedigung verlangt, oder die dann doch (vorraussichtlich) nur mit Einbuße an Bedürfnißbefriedigung im Ganzen, oder doch mit größerer Einbuße als früher, größeren Opfern, erlangt werden können, so daß ihr „Nichtbesitz" entweder die durch ihre Verwendung zu erlangende oder die zu ihrer Beschaffung aufzu- opfernde Bedürfnißbefriedigung „kosten" würde.

Dinge, bei denen die erste Voraussetzung zutrifft, besitzen „Brauch- barkeit"; Dinge, bei denen die zweite Voraussetzung zutrifft, „Kost- barkeit" (mit Rücksicht auf die Bedürfnißbefriedigung des Schätzenden).

Dinge, die nicht zur Bedürfnißbefriedigung brauchbar sind, haben für den Menschen überhaupt keine Bedeutung; Dinge, die zwar Brauch- barkeit, aber keine „Kostbarkeit" besitzen, die also ohne jede Beein- trächtigung der (eignen) Bedürfnißbefriedigung jeder Zeit erlangbar bezw. ersetzbar sind, haben für den Menschen mit Rücksicht auf seine wirthschaftliche Thätigkeit keine Bedeutung. Beide Momente müssen daher zusammentreffen, um einem Gute wirthschaftlichen Werth zu verleihen.

Brauchbarkeit besitzt ein Gut zunächst dann, wenn seine Ver- wendung dem Schätzenden direct (z. B. durch den Genuß), aber auch dann, wenn es demselben indirect Bedürfnißbefriedigung zu gewähren vermag. Eine indirecte Bedürfnißbefriedigung findet statt, wenn dieselbe nicht schon mit der Verwendung der geschätzten Güter selbst eintritt, sondern wenn die Verwendung anderer, aber mit Hülfe der geschätzten gewonnenen oder erhaltenen Güter erforderlich ist, um die Bedürfnisse des Schätzenden zu befriedigen. Das ist insbesondere dann der Fall, wenn die geschätzten Güter selbst nur zur Production oder zum Tausche verwendet werden, und erst die hergestellten Producte oder die erwor- benen Tauschgüter der directen Bedürfnißbefriedigung dienen sollen.

Diejenige Bedeutung, welche der Schätzende einem Gute mit Rück- sicht darauf beilegt, daß seine Verwendung in einer der angegebenen drei Richtungen, sein „Gebrauch", ihm Bedürfnißbefriedigung verschafft, wird als der „Gebrauchswerth" dieses Gutes bezeichnet. *)

Der „Gebrauchswerth" ist ebenso wie der wirthschaftliche Werth: Werth im subjectiven Sinne und daher streng persönlich bestimmt. Ge- brauchswerth besitzt ein Gut daher nur dann, wenn seine „brauchbaren"

---

*) „Gebrauchswerth" haben also auch solche Güter, die zum „Tausche" ver- wendet werden. Es findet dann ein „Gebrauch" durch „Tausch" statt. Der durch Tausch realisirbare „Gebrauchswerth" ist nicht mit dem „Tauschwerth" zu ver- wechseln. Vergl. S. 18.

Eigenschaften den individuellen Bedürfnissen des Schätzenden *) entsprechen. Die Höhe des Gebrauchswerths wird durch die Intensität desjenigen Bedürfnisses bestimmt, dessen Befriedigung der „Gebrauch" des Gutes direct oder indirect wirklich verschafft. Für den Fall der indirecten Bedürfnißbefriedigung entscheidet also nicht etwa die Tauglichkeit des geschätzten Gutes zur Hervorbringung von Producten bezw. zum Eintauschen von Tauschgütern — die Productionskraft bezw. die Kaufkraft —, sondern vielmehr die Brauchbarkeit der gewonnenen Producte bezw. der erworbenen Tauschgüter und die Intensität derjenigen Bedürfnisse, welche diese zu befriedigen geeignet sind. Die Productionskraft und die Kaufkraft der „gebrauchten" Güter kommen dabei nur insofern in Frage, als sie die Quantität und die Qualität der in letzter Linie abzuschätzenden Consumtions-Güter bestimmen.

„Kostbarkeit", die zweite Voraussetzung für das Vorhandensein wirthschaftlichen Werths, besitzt ein Gut dann, wenn sein „Nichtbesitz" zu der Zeit, zu welcher es zur Bedürfnißbefriedigung „gebraucht" werden soll, eine Einbuße an Bedürfnißbefriedigung zur Folge haben, etwas „kosten" würde. Diese Einbuße besteht entweder in dem Verluste derjenigen Bedürfnißbefriedigung, die durch den „Gebrauch" des geschätzten Gutes erlangt werden würde, oder in dem Verluste derjenigen anderweitigen Bedürfnißbefriedigung, die zum Zwecke der Beschaffung bezw. Ersetzung des geschätzten Gutes aufgeopfert werden müßte. Ersteres ist der Fall, wenn das geschätzte Gut im Verlustfalle nicht ersetzt werden kann, sei es weil Ersatzstücke überhaupt nicht existiren, sei es weil die Beschaffung dieser Ersatzstücke mit noch größeren Kosten verbunden ist, also eine noch größere Einbuße an Bedürfnißbefriedigung nach sich ziehen würde, als die Einbuße der durch den Gebrauch des geschätzten Gutes selbst zu erlangenden Bedürfnißbefriedigung in sich schließt. Letzteres ist der Fall, wenn es noch andere Güter giebt, welche die gleiche Bedürfnißbefriedigung gewähren wie das geschätzte Gut, und wenn zugleich auch die Kosten der Beschaffung dieser Güter nicht so hoch sind, daß ihre Aufwendung zum Zwecke der Ersetzung des geschätzten Gutes wirthschaftlich nicht gerechtfertigt sein würde. Hierneben tritt als dritter Fall noch derjenige, daß die geschätzten Güter (aus thatsächlichen oder wirthschaftlichen Gründen) quantitativ oder qualitativ nur zum Theil ersetzt werden können.

---

*) Diese individuellen Bedürfnisse sind allein maßgebend; die Bedürfnisse anderer Menschen entscheiden nur dann, wenn der Schätzende für andere schätzt, wie das der Stellvertreter thut. Anderweitig kommen dieselben bei der Werthschätzung überhaupt nur dann (und dann nur mittelbar) in Betracht, wenn der Schätzende Güter erwirbt oder fortgiebt, um ein eignes Bedürfniß, für andere Fürsorge zu treffen, zu befriedigen, wie der Vater oder die Mutter hinsichtlich ihrer Kinder.

Hiernach unterscheiden wir „unersetzliche", „ersetzliche" und „theilweise ersetzliche" Güter. Es ist aber zu beachten, daß der entscheidende
Gesichtspunkt bei dieser Eintheilung nicht der ist, ob die geschätzten Güter
selbst im Verlustfalle würden ersetzt werden können, sondern der, ob die
Bedürfnißbefriedigung, welche sie zu gewähren vermögen, ersetzbar ist oder
nicht. Es sind also nicht schon diejenigen Güter „unersetzlich", für welche
nur keine Ersatzstücke von gleicher Qualität und gleicher Art beschafft
werden können, sondern es muß hinzukommen, daß auch Ersatzstücke anderer
(besserer oder schlechterer) Qualität oder anderer Art (Surrogate), welche,
wenn auch nur bei Aufwendung einer größeren oder geringeren Menge, die
gleiche Bedürfnißbefriedigung zu bieten vermögen, nicht vorhanden oder
(aus thatsächlichen oder aus wirthschaftlichen Gründen) nicht erlangbar sind*).

Die Beschaffung des Ersatzes kann auf zweifache Weise geschehen:
durch Selbstproduction oder durch Kauf. Sind beide Möglichkeiten an
sich gegeben und ist auch nicht etwa eine von ihnen schon deshalb ausgeschlossen, weil die Ersatzbeschaffung auf diesem Wege zu viel kosten
würde, so entscheidet nach Maßgabe des Grundsatzes der Wirthschaftlich-
keit diejenige, mit welcher der geringere Kostenaufwand verknüpft ist.

Alle Güter, welche „Kostbarkeit" besitzen, erlangen eine Bedeutung
für den Schätzenden nicht allein und nicht erst dadurch, daß sie zur
Bedürfnißbefriedigung „gebraucht" werden, sondern schon dadurch, daß
sie sich in seinem Besitze befinden, weil der Verlust ihres Besitzes die oben
betrachtete Einbuße an Bedürfnißbefriedigung „kostet". Solche Güter
haben also nicht nur „Gebrauchswerth", sondern auch (wie wir uns kurz
ausdrücken) „Besitzwerth".

Die Höhe des Besitzwerths wird durch die Intensität desjenigen
Bedürfnisses bestimmt, dessen Befriedigung im Falle des Besitzverlustes
der geschätzten Güter eingebüßt werden würde. Hiernach ist der Besitzwerth bei unersetzlichen, ersetzlichen oder theilweise ersetzlichen Gütern
verschieden.

Bei unersetzlichen Gütern kommt der Besitzwerth dem Gebrauchswerthe gleich; denn das Bedürfniß, welches durch den „Gebrauch" befriedigt
werden würde, ist es, dessen Befriedigung dem Schätzenden mit dem
Verluste des geschätzten Gutes verloren geht.

---

*) Dieser Umstand hat eine besondere Bedeutung für alle Güter, welche nur
eine indirecte Bedürfnißbefriedigung gewähren, wie die Productionsgüter und das
Geld. Solche Güter sind nämlich fast niemals „thatsächlich", sondern nur etwa
„wirthschaftlich" unersetzlich. Das gilt vor allem von dem Gelde, wenigstens in
soweit, als dasselbe nur in seiner Eigenschaft als Tauschmittel (nicht aber als gesetzliches Zahlmittel) in Betracht kommt.

Bei erſetzlichen Gütern kann natürlich der Gebrauchswerth nicht entſcheiden; denn die durch den „Gebrauch" zu erlangende Bedürfnißbefriedigung iſt ja erſetzbar. Hier geht vielmehr nur diejenige (geringere) Bedürfnißbefriedigung verloren, deren Erlangung an den Beſitz der zum Zwecke der Erſatzbeſchaffung (auf dem billigſten Wege) aufzuwendenden „Koſtengüter" geknüpft iſt (und die den Beſitzwerth dieſer Koſtengüter beſtimmt). Das iſt für den Fall, daß die Koſtengüter unerſetzlich ſind, die Befriedigung desjenigen Bedürfniſſes, welches für den Gebrauchswerth dieſer Koſtengüter maßgebend iſt; und für den Fall, daß ſie erſetzlich ſind, diejenige Bedürfnißbefriedigung, welche ſich an den Beſitz der zum Erſatz der Koſtengüter aufzuwendenden weiteren Koſtengüter knüpft (und deren Beſitzwerth beſtimmt). In derſelben Weiſe muß die Werthanalyſe weiter fortgeſetzt werden, bis ſich zuletzt eine Reihe von (thatſächlich oder wirthſchaftlich) unerſetzlichen Gütern (Sachgütern oder eigne Arbeitsleiſtung des Schätzenden) ergiebt. Die Summe der Gebrauchswerthe dieſer elementaren Factoren zuzüglich der directen Einbuße an Bedürfnißbefriedigung, die mit der eignen Arbeitsleiſtung (bei läſtiger Arbeit) verbunden iſt, ergiebt dann den Beſitzwerth des erſetzlichen Hauptgutes, des eigentlichen Gegenſtandes der Werthſchätzung. Den ſo beſtimmten Beſitzwerth der erſetzlichen Güter bezeichnen wir mit einem kurzen Ausdrucke als deren „Koſtenwerth".

Der Beſitzwerth der theilweiſe erſetzlichen Güter ergiebt ſich aus einer Combination des Gebrauchswerths für den unerſetzlichen und des Koſtenwerths für den erſetzlichen Theil.

Güter von wirthſchaftlichem Werthe ſind nach den vorſtehenden Erörterungen ſolche, welche für den Schätzenden ſowohl Gebrauchswerth als auch Beſitzwerth haben. Die Höhe ihres wirthſchaftlichen Werths wird natürlich durch ihren Beſitzwerth beſtimmt; denn Wirthſchaften iſt die Sorge für den Erwerb und die Erhaltung des Beſitzes von (wirthſchaftlichen) Gütern. Demgemäß kommt der wirthſchaftliche Werth unerſetzlicher Güter ihrem Gebrauchswerthe, und der wirthſchaftliche Werth erſetzlicher Güter ihrem Koſtenwerthe gleich.

Die Abſchätzung des wirthſchaftlichen Werths, die wir bei allen unſeren wirthſchaftlichen Handlungen vorzunehmen haben, erſcheint hiernach als eine höchſt verwickelte Aufgabe, deren richtige Löſung nur durch Gewohnheit und Uebung ermöglicht oder doch leicht gemacht werden kann. Verwickelt iſt ſie natürlich beſonders dann, wenn es ſich nicht um Gegenſtände der directen Bedürfnißbefriedigung (Genußgüter), ſondern um ſolche Güter handelt, die nur zur indirecten Bedürfnißbefriedigung geeignet oder doch beſtimmt ſind, wie das Geld und andere Tauſchgüter oder Productionsgüter. In dieſem Falle muß ja zunächſt das Ergebniß

ihrer eignen Verwendung zum Tausche oder zur Production ermittelt
und dann noch die Brauchbarkeit der für sie eingetauschten fremden Güter
bezw. der mit ihrer Hülfe gewonnenen Producte abgeschätzt werden. Es
kommt jedoch ein Umstand in Betracht, der die Mühe und Schwierigkeit der Schätzung gerade auch in den zuletzt erwähnten Fällen sehr er-
leichtert. Der wirthschaftliche Werth eines Gutes wird nämlich gewöhnlich
nur zu dem Zwecke abgeschätzt, um verschiedene Güter mit einander zu
vergleichen; denn es handelt sich regelmäßig darum, festzustellen, ob es
wirthschaftlich gestattet ist, ein Gut zur Beschaffung eines anderen auf-
zuopfern, und ob es richtiger ist, das eine oder das andere zum Erwerbe oder
zur Veräußerung auszuwählen. Bei einem Vergleiche ist es aber immer nur
nöthig, die verglichenen Gegenstände auf Zahlengrößen von Einheiten
gleicher Art zurückzuführen. Deshalb ist es keineswegs immer erforderlich,
den Werth der mit einander verglichenen Güter völlig zu analysiren.
Insbesondere brauchen häufig gerade bei denjenigen Gütern, die zur
indirecten Bedürfnißbefriedigung verwerthet werden sollen, nur die Ergebnisse des Tausches bezw. die Ergebnisse der Production ermittelt zu
werden, und kann der Schätzende sich darauf beschränken diese mit
einander zu vergleichen, anstatt in der Werthanalyse noch weiter fort-
zufahren und dann die letzten Factoren des Werthes einander gegen-
überzustellen. So ist es denn auch bei einer Vergleichung des wirthschaftlichen Werths des Papiergeldes und des Metallgeldes nicht erforderlich auf die Elemente des Werthes zurückzugehen, sondern genügt es, das
objective Ergebniß der Verwendung bezw. den objectiven Betrag der
Beschaffungskosten bei dem einen und bei dem anderen festzustellen und
diese Größen mit einander zu vergleichen.

β. Das Papiergeld — ein Gut von wirthschaftlichem Werthe.

Um ein Gut von wirthschaftlichem Werthe für den Erwerber zu
sein, muß das Papiergeld nach Maßgabe der vorstehenden Erörterungen
„Gebrauchswerth" und „Besitzwerth" für denselben haben. Prüfen wir,
ob das der Fall ist.

Was zunächst den Gebrauchswerth anlangt, so besitzt das Papiergeld eine selbständige brauchbare Eigenschaft von weittragender Bedeutung:
die gesetzliche Zahlkraft, mit der es als Währungsgeld ausgestattet ist.

Die gesetzliche Zahlkraft macht das Papiergeld zur Bedürfnißbefriedigung brauchbar für jeden, der Geld-Schulden hat. Freilich em-
pfindet nicht jeder Schuldner ein besonderes Bedürfniß seine Schulden zu
bezahlen. Das thun nur diejenigen, die ein starkausgeprägtes Rechtsbewußtsein

und Billigkeitsgefühl haben. Es ist aber zu beachten, daß jedem Schuldner durch die Bezahlung seiner Schulden andere Güter erhalten werden,
die der Gläubiger anderen Falles im Executionswege an sich genommen
haben würde. Die Bedürfnißbefriedigung, welche mit dem Verluste dieser
Güter verloren gehen würde, wird jedem Schuldner durch den „Gebrauch"
des Papiergeldes (zur Schuldentilgung) erhalten. Deshalb hat das
Papiergeld nothwendig für jeden Schuldner Gebrauchswerth.

Die Bedürfnißbefriedigung durch den Gebrauch des Papiergeldes
zur Schuldentilgung erfolgt indirect, aber nicht etwa im Wege des
Tausches. Es ist unrichtig zu meinen, daß der Schuldner die Schuld-
befreiung als Gegenleistung des Gläubigers für seine Zahlung eintausche.
Die Schuld erlischt vielmehr direct, ohne daß es deshalb noch einer besonderen Mitwirkung des Gläubigers bedürfte. Mit Rücksicht hierauf kann
man den Schuldner als „Consumenten" des Geldes bezeichnen, wenn
auch seine „Consumtion" die gesetzliche Zahlkraft des Geldes nicht beeinträchtigt, wie das bei anderen Gütern der Fall ist.

Neben dem selbständigen Gebrauchswerthe für jeden Schuldner
besitzt das Papiergeld „Besitzwerth" für jeden Erwerber. Es ist
zunächst selbst keineswegs jeder Zeit ohne Kosten erlangbar bezw.
ersetzbar. Es kann nämlich in Anbetracht des Staatsmonopols der
Emission von Papiergeld nur erlangt werden durch Kauf, und zwar durch
Kauf entweder von dem einzigen „Producenten" des Papiergeldes, dem
Staate, oder von anderen Besitzern; und weder der Staat, obwohl
er es fast kostenlos herstellt, noch die anderweitigen Besitzer, die es
selbst um einen Preis haben kaufen müssen, lassen sich dazu herbei es
unentgeltlich abzugeben. Das Papiergeld ist also durch Ersatzstücken
gleicher Art d. h. durch anderes Papiergeld keineswegs kostenlos ersetzbar.
Ebenso wenig kann aber auch die Bedürfnißbefriedigung, die sein „Gebrauch" (die Ausnutzung seiner Zahlkraft) verschafft, kostenlos ersetzt
werden. Denn zunächst sind diejenigen Güter, die dem Schuldner durch
die Bezahlung seiner Schuld mit der Abwendung der Execution erhalten
werden, immer solche, die nicht ohne Einbuße an Bedürfnißbefriedigung
würden ersetzt werden können, und sodann wird auch eine anderweitige
Abfindung des Gläubigers, falls diese überhaupt zugelassen wird, nur
unter Aufwendung anderer Güter von wirthschaftlichem Werthe erfolgen
können.

Das Papiergeld ist somit zweifellos ein Gut von wirthschaftlichem
Werthe für jeden (Geld-)Schuldner.

Der Umstand, daß die Schuldner als Consumenten des Papiergeldes demselben wirthschaftlichen Werth beilegen und es demgemäß mit
einem Preise bezahlen, verleiht demselben nun noch eine zweite (aber
unselbständige) brauchbare Eigenschaft, nämlich „Kaufkraft" oder „Tausch-

werth". Dadurch gewinnt es aber auch für „Nichtconsumenten" Ge-brauchswerth; denn, da Schuldner, also Consumenten des Geldes, sich in allen Waarenzweigen finden, so kann es vermöge dieser Kaufkraft gegen Waaren aller Art und daher auch gegen solche Güter ausgetauscht werden, durch deren Consumtion oder anderweitigen Gebrauch die Nichtconsumenten selbst Bedürfnißbefriedigung erlangen.

Da nun das Papiergeld Besitzwerth für jeden Erwerber besitzt, wie wir gesehen haben, so sind die Erfordernisse des wirthschaftlichen Werths auch für Nichtconsumenten erfüllt.

Es ergiebt sich also, daß das Papiergeld wirthschaftlichen Werth besitzt, ein „wirthschaftliches Gut" ist. Damit ist die erste Voraussetzung für seine Function als allgemeines Tauschmittel erfüllt.

Die Höhe des wirthschaftlichen Werths des Papiergeldes ist natür-lich wie bei allen anderen Gütern und bei jedem anderen Gelde je nach der Höhe der individuellen Schätzung des subjectiv bestimmten Besitzwerths verschieden, wie das unsere allgemeinen Erörterungen über den Werth ergeben. Auf diesen Punkt brauchen wir hier jedoch nicht näher einzugehen. Es genügt darauf hinzuweisen, daß der wirthschaftliche Werth des Papiergeldes nicht höher und nicht geringer sein kann als derjenige des Metallgeldes, — vorausgesetzt, daß beide Geldsorten mit gleicher Zahlkraft ausgestattet und in gleicher Menge ausgegeben werden, (was ja hinsichtlich des Papiergeldes lediglich von dem Ermessen des aus-gebenden Staates abhängt) Das bedarf kaum eines besonderen Beweises. Es liegt zunächst auf der Hand, daß die Consumenten den Werth des Geldes nicht wohl verschieden schätzen können, je nachdem der Träger der von ihnen „gebrauchten" Zahlkraft, also der Geldkörper aus Metall oder aus Papier besteht. Für sie muß der Gebrauchswerth also unter allen Umständen gleich sein. Dasselbe trifft aber auch für den Besitz-werth zu. Denn, wenn nicht eine größere Menge ausgegeben werden soll, so liegt für den Staat als den einzigen Producenten gewiß keine Veranlassung vor, ein Geld von gleichem Gebrauchswerthe wie das Me-tallgeld zu einem geringeren Preise wegzugeben; die sonstigen Besitzer haben aber noch weniger Veranlassung dazu, weil sie das Papiergeld (z. B. bei der Empfangnahme von Zahlungen ihrer Schuldner) an Stelle von Metallgeld in gleichem Betrage erhalten*). Ist aber der Besitzwerth gleich, so werden die Consumenten auch für Metallgeld und für Papier-geld die gleichen Preise bezahlen. Damit erhalten dann beide Geldsorten die gleiche Kaufkraft und aus diesem Grunde auch für die Nichtcon-sumenten gleichen wirthschaftlichen Werth.

---

*) Das geringere Vertrauen zu der Werthconstanz des Papiergeldes könnte sie allerdings dazu veranlassen. Dieser Punkt wird später bei der Erörterung der „inneren Werthconstanz" des Geldes berührt werden.

Wir haben nun noch einige weit verbreitete Irrthümer über den Gutscharakter des Papiergeldes aufzuklären.

Zunächst ist der Gutscharakter dem Papiergelde überhaupt abgesprochen worden.*) Das ist indessen geschehen, weil man nicht bemerkt hat, daß die gesetzliche Zahlkraft desselben eine (wenn auch) erst künstlich durch die Staatsgesetzgebung geschaffene) Eigenschaft ist, welche wohl geeignet erscheint, ihm eine selbständige „Brauchbarkeit" und zwar eine Brauchbarkeit von ganz hervorragender Bedeutung zu verleihen. Dieser Punkt bedarf nach unseren früheren Bemerkungen keiner weiteren Erörterung.

Ferner hat man behauptet, daß das Papiergeld keinen selbständigen, sondern nur einen „abgeleiteten" Werth, im Sinne von „abhängigen" Werth besitzt. Auch das ist unrichtig. Von einem „abgeleiteten" Werthe kann man nur insofern sprechen, als das Papiergeld bei seiner Emission mit der Zahlkraft des bisherigen allgemeinen Tauschmittels und Zahlmittels und, da die Papierwährung immer nur an die Stelle einer Metallwährung tritt, mit der Zahlkraft des bisherigen Metallgeldes ausgestattet wird. Dadurch geräth dasselbe aber keineswegs in Abhängigkeit von dem Werthe der Gewichtsmenge, aus welchem jenes Metallgeld bestand. Es wird nicht etwa auf eine metallische „Basis" gestellt, um nun das Schicksal dieses Metalls zu theilen. Es erlangt vielmehr eine völlig selbständige Existenz und erlebt ein eignes Schicksal. Dafür bietet die Geschichte hinreichende Beweise. Wir finden nämlich einerseits häufig genug eine Entwerthung des Papiergeldes trotz des Gleichbleibens oder gar der Steigerung des Metallwerths der seinem Nominalbetrage entsprechenden Menge Metallgeldes [z. B. bei dem (zum Theil wenigstens) an die Stelle des Goldgeldes getretenen italienischen Papiergelde]. Wir finden andererseits aber auch ein Gleichbleiben des Werths des Papiergeldes trotz der Entwerthung der Metallmenge des von ihm ersetzten Metallgeldes (z. B. bei dem österreichischen auf Silber „basirten" Papiergelde). Daß diese Erscheinungen nicht, wie man gemeint hat, auf die Abnahme oder die Steigerung des „Credits" der emittirenden Staaten zurückgeführt werden können, der im letzteren Falle den fehlenden Werth „ergänzen" soll, werden die folgenden Erörterungen beweisen.

Man glaubt allgemein, daß das Papiergeld ein „Creditgeld" sei und deshalb in seinem Werthe von den Schwankungen des Staatscredits abhänge. Das ist aber nicht der Fall. Der „Credit" des ausgebenden Staates kommt für diesen Werth gar nicht in Frage.**)

---

*) Eine Ausnahme macht z. B. **Landesberger**: Währungssystem und Relation. Wien 1891, S. 88. Anm.

) Vergleiche **Gruber: Nationales oder Internationales Geld. Wien 1892. S. 37 ff. 42.

Das könnte nur dann der Fall sein, wenn der Staat sich verpflichtete, das Papiergeld mit „vollwerthigem" Metallgelde einzulösen. Dann würde allerdings die Fähigkeit des Staates dieses Versprechen zu erfüllen die Werthschätzung des Papiergeldes, insoweit sie die „Brauchbarkeit" desselben in Betracht zieht, mehr oder minder beeinflussen, ebenso wie das bei den Coursen der Staatsanleihepapiere der Fall ist. Eine solche Verpflichtung nimmt aber der Staat mit der Ausgabe von Papiergeld an sich gewiß nicht auf sich, und ein besonderes Versprechen in dieser Richtung braucht er und pflegt er auch (bei einer eigentlichen Papierwährung wenigstens) nicht zu ertheilen. Eine gewisse Art Credit, ein Vertrauen, das der Staat genießen muß, kommt allerdings dennoch bei der Papierwährung in Frage; aber nicht ein — nothwendig schwankendes — Vertrauen auf die Fähigkeit des Staates vorhandene Schuldverpflichtungen zu erfüllen, sondern ein Vertrauen gleichsam zu dem „Charakter" des Staates, ein Vertrauen darauf, daß der Staat die Zahlkraft des Papiergeldes nicht schmälern und die Notenpresse nicht mißbrauchen werde. Dieses Vertrauen beruht aber auf denselben Fundamenten, auf welchen das Vertrauen darauf beruht, daß er auch das Leben und die Freiheit und das Eigenthum seiner Unterthanen nicht antasten werde, Güter, die ja auch der Verletzung durch den Mißbrauch der Staatsgewalt preisgegeben sind; denn eine solche absichtlich oder mit Bewußtsein herbeigeführte Entwerthung des Papiergeldes ist, wie bereits erörtert, nichts anderes als eine Eigenthumsberaubung aller derjenigen Staatsbürger, deren Vermögen in Geld oder Geldforderungen besteht. Will man das Papiergeld mit Rücksicht auf dieses „Vertrauen" zu dem Staate ein Creditgeld nennen, so ist dagegen an sich gewiß nichts anzuwenden. Dann müßte man aber auch das Metallgeld ein Creditgeld nennen. Denn bei herrschender Metallwährung muß ja das Vertrauen darauf vorhanden sein, daß der Staat die Metallwährung nicht abschafft, und durch eine unterwerthige Papierwährung ersetzt. Bei einer offenen Metallwährung muß dann außerdem noch das Vertrauen hinzukommen, daß er die Prägungsfreiheit bei sinkendem Metallpreise rechtzeitig aufhebt, damit nicht auf private Rechnung so viel Geld ausgeprägt wird, daß die Werthconstanz des Geldes in Gefahr geräth, wie das ja in den 70er Jahren in den europäischen Silberstaaten allgemein geschehen ist. Ja, es ist prinzipiell auch noch das Vertrauen darauf erforderlich, daß das Metallgeld vollwerthig erhalten und daß bei sinkendem Metallpreise zu diesem Zwecke auf Staatsrechnung eine Umprägung des Geldes vorgenommen werde, wenigstens dann, wenn der Metallwerth desselben soweit herabsinkt, daß er nur noch 50% des Sollbetrages ausmacht, wie das ja bei den deutschen Silberthalern der Fall ist. —

Irrthümlich ist endlich auch die Ansicht, daß das Papiergeld, weil es des „inneren" Werths entbehre, welchen ein „vollwerthiger" metallener Körper dem Metallgelde verleihe, nicht nur weniger sicher begründet, als das Metallgeld, sondern sogar zu wenig gefestigt sei, um den Ansprüchen, welche an ein „gesundes" Währungsgeld gestellt werden müssen, zu genügen. Es ist freilich nicht zu leugnen, daß das Papiergeld die Stütze, welche ein metallener Körper dem Gelde zu verleihen vermag, nicht besitzt. Diese zweite Stütze des Geldes ist aber nur so lange erforderlich, als dem Staate das Vertrauen nicht geschenkt werden kann, daß er die Zahlkraft des Papiergeldes ungeschmälert lasse und die Notenpresse nicht mißbrauche. Ist diese Gefahr (wie in den modernen Staaten) ausgeschlossen; bestehen also keine Bedenken, dem Staate die Fürsorge für die Erhaltung des Geldvermögens seiner Bürger ebenso rückhaltlos anzuvertrauen, wie das bezüglich des Lebens, der Freiheit und des sonstigen Eigenthums derselben geschieht, so ist die „metallische Basis" des Geldes völlig entbehrlich.

Wenn behauptet wird, daß es gerade dieser innere Werth sei, welcher die sichere Basis des Geldwerths bilde, und welcher besonders das Goldgeld vor allen Schwankungen bewahre, so ist das unrichtig. Dafür spricht schon die bekannte Thatsache, daß das Metallgeld sich nur so lange im Verkehr erhält, als sein Metallwerth den Geldwerth nicht übersteigt; daß es aber verschwindet d. h. eingeschmolzen oder exportirt wird, sobald es (bei steigenden Metallpreisen) „überwerthig" wird. Wäre der Metallwerth die eigentliche Stütze des Geldwerthes, so müßte das Metallgeld mit den Metallpreisen im Geldwerthe steigen, dürfte aber nicht aus dem Umlaufe verschwinden. Thatsächlich verschwindet es aber und, wenn nebenbei der Geldwerth steigt, so erklärt sich das nur aus der Verminderung der Menge des Geldes, also wohl indirect, nicht aber direct daraus, daß der Metallwerth gestiegen ist. Wäre der Metallwerth die Stütze des Geldwerthes, so müßte dieser andererseits auch mit dem Metallwerthe sinken; aber auch das ist, wie unsere Silberthaler beweisen, durchaus nicht der Fall. Es gäbe endlich auch gar keine Erklärung dafür, daß Silbergeld und Papiergeld gleichwerthig umlaufen, wie das in Oesterreich-Ungarn der Fall ist. Hier hat das Papiergeld seit 1879 seinen Geldwerth ebenso gut bewahrt, wie das Silbergeld. Sollte man aber meinen, daß das nichts beweise, weil das Silber seit 1879 um beinahe 50% im Werthe gefallen ist, so wäre hiergegen lediglich auf die Thatsache zu verweisen, daß das Silber bis zum Jahre 1884 nur von 51 1/4 d (p. Unze) auf 50 5/8 d zurückgegangen ist, also bis dahin nur etwas mehr als 1% verloren hat.

Um jeden Zweifel an der Sicherheit des Papiergeldes auszuschließen, wollen wir jedoch noch kurz erörtern, welche Sicherheit der

Metallwerth, und welche Sicherheit die gesetzliche Zahlkraft dem Gelde zu verleihen vermag. Wir beschränken uns dabei auf das Goldgeld.

In dieser Beziehung ist zunächst darauf hinzuweisen, daß der Metallwerth des Goldgeldes vielleicht zur Hälfte auf der Nachfrage des Goldes zu monetären Zwecken beruht, und daß seine angebliche Stabilität von der ungeschmälerten Fortdauer dieser Nachfrage abhängt. Die Industrie vermag nämlich zu den jetzigen Preisen des Goldes nur einen ganz kleinen Bruchtheil der insgesammt vorhandenen Menge, nämlich nur etwas über die Hälfte der jährlichen Production ($^5/_9$ = 343 Millionen Francs) aufzunehmen. Würde der Rest der Production, welcher jetzt zu monetären Zwecken Verwendung findet, und würde außerdem die gesammte sonst vorhandene Menge an monetärem Golde, von welcher allein die Goldvorräthe der Banken und Tresors der verschiedenen Staaten (ausschließlich der Circulation) schon das Vierzehnfache der gesammten Production (8724 Millionen Francs im Jahre 1891)[*] ausmachen, ebenfalls noch von der Industrie aufgenommen werden sollen, so könnte das nur geschehen, wenn der Preis weit unter den jetzigen Betrag herabgesetzt würde. Der sogenannte „innere" Werth des goldenen Metallgeldes beruht also im Wesentlichen darauf, daß es zu Münzen ausgeprägt in den Goldwährungsstaaten der Welt Geldwerth bezw. gesetzliche Zahlkraft besitzt. Sollte das Gold einmal „demonetisirt" werden, wie das bei dem Silber in einem gewissen Umfange bereits geschehen ist, so müßte sein Preis ebenso herabsinken, wie wir das bei dem Silber noch im Jahre 1893 in Folge der Schließung der indischen Münzstätten und der Einstellung der Silberankäufe der Vereinigten Staaten von Nordamerika und schon früher in Folge der Aufhebung der Prägungsfreiheit für Silber in Europa (in den Jahren 1873 bezw. 1878 und 1879) erlebt haben.

In zweiter Linie ist zu erwägen, wie verschwindend gering die Nachfrage der „Metallconsumenten" des Metallgeldes im Vergleich zu der Nachfrage der Geldconsumenten desselben ist, während es doch gerade die Nachfrage der Consumenten eines Gutes ist, welche seinen Umlaufswerth bezw. Tauschwerth stützt[**]. Versuchen wir diese Nachfrage zu schätzen.

Die Metallconsumenten des Goldgeldes in einem bestimmten Währungsgebiete, z. B. Deutschland, bestehen aus Industriellen und Metallexporteuren. Der gesammte industrielle Bedarf an Gold in der ganzen Welt (einschließlich der Thesaurirung in Indien) beträgt nun, wie bereits erwähnt, nicht mehr als ca. 343 Millionen Francs pr. Jahr. Wenn wir den 10. Theil dieser Summe für Deutschland in Anschlag bringen,

---

[*] Vergleiche **Ottomar Haupt**: Gold, Silber und die Valutaherstellung 1892. (Seite 13, 14.) Ende 1892 betrug dieser Vorrath nach Zeitungsberichten !sogar **9746 Millionen Francs**.

[**] Vergl. die Erörterungen oben S. 24/25 und unten Abschnitt 4.

so dürfte dies gewiß nicht zu niedrig gegriffen sein. Insoweit sind also 34,3 Mill. Francs oder ca. 28 Mill. Mark in Rechnung zu stellen. Dazu kommt nun die Nachfrage der Goldexporteure hinzu. Diese er- ergiebt sich aus den Ziffern der Goldausfuhr. Die letztere hat in Deutschland während der Zeit von 1881 bis 1890 jährlich im Durch- schnitt nicht mehr als 44,75 Millionen Mark betragen.*) Somit beläuft sich die gesammte Nachfrage der Metallconsumenten des Goldgeldes in Deutschland auf ca. 73 Millionen Mark.

Ganz andere Zahlen ergeben sich, wenn man die Nachfrage der Geldconsumenten betrachtet. Von dieser Nachfrage können wir uns annähernd ein Bild machen, wenn wir berücksichtigen, daß der geschäftliche Umsatz der Reichsbank im Jahre 1892 sich auf 104 Milliarden Mark belief, und daß der gesammte geschäftliche Werthverkehr Deutschlands auf das Zwanzigfache, also auf 2080 Milliarden Mark, geschätzt wird. Diese Summe umfaßt nun allerdings einerseits auch die Umsätze im Baarverkehr, also die Umsätze der Nichtconsumenten (des Geldes), und schließt andererseits auch diejenigen Umsätze der Con- sumenten ein, welche sich im Wechsel-, Contocurrent-, Giro- und Clearingverkehr ohne oder unter geringerem Geldgebrauch vollziehen. Um die Nachfrage der Geldconsumenten zu ermitteln, sind also ent- sprechende Abzüge zu machen. Indessen, wenn wir auch annehmen, daß der Schuldverkehr (der Geldconsumenten), bei welchem Geld bezahlt wird, nicht höher als auf den 20. Theil des gesammten geschäft- lichen Werthverkehrs zu schätzen sei, (was bei der großen Ausdehnung unseres Creditverkehrs und bei der geringen Ausbildung des Giro- und Clearingverkehrs gewiß nicht übertrieben ist), so erhalten wir doch als Betrag der Nachfrage der Geldconsumenten eine so große Summe (ca. 100 Milliarden Mark = 100000 Millionen Mark), daß die Nachfrage der Metallconsumenten (73 Millionen Mark, also nicht einmal der 1000. Theil) dagegen völlig verschwindet.

Auf Grund dieser Zahlen dürfen wir ohne Weiteres behaupten, daß die Nachfrage der Metallconsumenten ganz wegfallen könnte, ohne den Werth des Metallgeldes auch nur im mindesten zu affiziren, und daß es allein die Nachfrage der Geldconsumenten ist, welche dem Metallgeld in der beschränkten Menge, in welcher es aus natürlichen Gründen erhalten wird, seinen Geldwerth und seine Stabilität verleiht. Da nun die Nachfrage der Geldconsumenten bei dem Papiergelde nicht geringer ist als bei dem Metallgelde, und da seine Menge lediglich von dem Ermessen des Staates abhängt, so ergiebt sich ohne Weiteres, daß

---

*) Vergleiche **Heiligenstadt** in **Conrads** Jahrbüchern III. Folge, Band 4 (1892). Seite 822.

der Werth des Papiergeldes da, wo ein Mißbrauch der Notenpresse nicht zu befürchten ist, — also in den modernen Staaten — mindestens ebenso sicher begründet ist, wie der Werth des Metallgeldes, und zwar jedes Metallgeldes, auch des Goldgeldes einer offenen Goldwährung. Sollten wir uns aber in der Behauptung irren, daß die Nachfrage der Metallconsumenten nicht erforderlich sei, um den Geldwerth des Metallgeldes zu stützen, so ist schließlich noch zu berücksichtigen, daß es in der Hand des Staates liegt, entsprechend weniger Papiergeld aus-zugeben, um so die völlige Gleichheit des Verhältnisses von Angebot und Nachfrage bei beiden Geldsorten herzustellen. Dadurch würde aber die Gleichheit des Preises und des Geldwerths derselben ohne allen Zweifel gesichert werden.

Ob der Geldwerth des Papiergeldes nicht noch besser begründet und seine Stabilität nicht noch größer ist, als diejenige des Metallgeldes, werden wir bei der Erörterung der Werthconstanz des Geldes zu unter-suchen haben.

<hr />

3. Werthuniversalität des Papiergeldes.

Der Umstand, daß das Papiergeld wirthschaftlichen Werth besitzt, macht dasselbe geeignet, überhaupt zum Tausche verwendet zu werden. Als allgemeines Tauschmittel muß es aber allgemein wirthschaftlichen Werth, „Werthallgemeinheit", „Werthuniversalität" besitzen. Dieses Postulat ist erst dann erfüllt, wenn das Papiergeld wirthschaftlichen Werth für jeden einzelnen Tauschcontrahenten besitzt, oder doch für alle diejenigen, welche beabsichtigen, Geld oder Geldforderungen für ihre Waaren*) einzutauschen, anstatt den Waarenaustausch unmittelbar vorzunehmen. Zu diesen „Geldcontrahenten" gehören in den civilisirten Staaten heutzutage alle Theilnehmer am Tauschverkehr und zwar in Anbetracht jedes einzelnen Tauschvertrages, bei welchem sie Geld erwerben. Daß das Geld auch wirthschaftlichen Werth für diejenigen besitze, die es bezahlen, und in dem Augenblicke besitze, in welchem sie es bezahlen, ist nicht nothwendig. Diese Umstand hat jedoch keine praktische Bedeutung.

Wir haben nun schon bei der Erörterung des wirthschaftlichen Werths des Papiergeldes gefunden, daß dasselbe vermöge seiner gesetzlichen Zahlkraft für alle Geldschuldner als „Consumenten" und vermöge seiner

<hr />

*) Unter Waaren verstehen wir hier und im Folgenden immer sowohl Sach-güter als auch Dienstleistungen, die im Tauschverkehr angeboten und verkauft werden.

(darauf gegründeten) Kaufkraft auch für alle anderen Personen, die „Nichtconsumenten", wirthschaftlichen Werth besitzt. Wir haben jedoch damals
nur den Privatverkehr in Betracht gezogen. Es tritt aber auch der Staat
als Geldcontrahent im Tauschverkehr auf, dann nämlich, wenn er besondere
Leistungen auf privatrechtlichem Gebiete (z. B. die Personen- und Güter-
beförderung auf den Staatsbahnen) gegen Geld austauscht. Dieser Fall,
der gerade bei dem Papiergelde einige Besonderheiten zu bieten scheint,
ist deshalb hier noch besonders zu erörtern.

Daß das Papiergeld auch für den Staat „Gebrauchswerth" besitzt
und zwar sowohl vermöge seiner Zahlkraft, als auch vermöge seiner
Kaufkraft, kann nun offenbar nicht in Frage gestellt werden. Dagegen
kann es allerdings zweifelhaft erscheinen, ob nicht etwa der zweite Factor
des wirthschaftlichen Werths, der „Besitzwerth", und damit der wirthschaftliche Werth überhaupt fehlt. Dieses Bedenken muß sich nothwendig
einstellen, wenn man erwägt, daß der Besitzwerth im Falle der Ersetzlichkeit
der geschätzten Güter dem „Kostenwerthe" gleichkommt, also durch den
Betrag der Ersatzkosten bestimmt wird (vergleiche Seite 22); wenn man
ferner erwägt, daß die Ersatzbeschaffung nicht allein durch Kauf, sondern
auch durch Production erfolgen kann; wenn man endlich berücksichtigt,
daß die dem Staate als Monopol vorbehaltene „Production" des Papiergeldes keine anderen Kosten als die unbeachtlichen Papier- und Druckkosten verursacht. Bei dieser Argumentation würde jedoch übersehen
werden, daß die Productionskosten eines Gutes nur dann den Kosten-
werth desselben bestimmen, wenn die Ersetzung auf dem Wege der Production
auch wirklich stattfinden kann. Nun ist aber die „Production" des
Papiergeldes, (wenigstens in den modernen Staaten, die nach unserer
Voraussetzung (Seite 13) hier allein in Betracht kommen), nur dann und
nur insoweit erlaubt, als die Gesetze das gestatten, und die Gesetze regeln
diese „Production" nach besonderen allgemeinen Grundsätzen ohne Rücksicht
auf die Gelderwerbsgeschäfte des Staates im Tauschverkehr. Das Papiergeld, welches der Staat als Theilnehmer am Tauschverkehr erwirbt und
dessen wirthschaftlichen Werth er hierbei behufs der Bemessung des
Aequivalents für seine Leistungen abschätzt, ist für ihn daher ebensowenig
durch Selbstproduction ersetzbar wie für jeden anderen Tauschcontrahenten.
Dasselbe gilt aber auch von der Ersatzbeschaffung durch die Erhebung von
Steuern, die ja an sich dem Staate (wenn auch nicht der Regierung und
dem Verkehr treibenden Fiscus) zusteht; denn neue Steuern können nur
bei gesetzlicher Ausschreibung erhoben werden und werden nur bewilligt,
wenn die bestehenden Einnahmen des Staates (einschließlich derjenigen aus
den Staatsbetrieben) nicht ausreichen. Bei dem Erwerbe dieser Einnahmen,
wie sie durch den Abschluß der hier betrachteten Gelderwerbsgeschäfte des
Staates stattfinden, kann daher auch diese Modalität der Ersatzbeschaffung

nicht in Betracht kommen. So besitzt das Papiergeld denn auch für den Staat neben seinem Gebrauchswerthe unter allen Umständen auch Besitzwerth und deshalb auch wirthschaftlichen Werth.

Damit gelangen wir aber zu dem Resultate, daß das Papiergeld das Postulat der Werthuniversalität in jeder Beziehung erfüllt.

Es hat nun den Anschein, als ob das Metallgeld hinsichtlich seiner Werthuniversalität dem Papiergelde noch überlegen sei. Bei einem Vergleiche beider Geldsorten werden wir in der That zugestehen müssen, daß das Metallgeld einen noch größeren Kreis von Abnehmern besitzt. Bei dem Papiergelde bestehen nämlich die Abnehmer allein aus den eigentlichen „Geldconsumenten"; bei dem Metallgelde kommen aber diejenigen Reflectanten noch hinzu, welche die natürlichen Eigenschaften seines metallenen Körpers für ihre Zwecke ausnutzen wollen, die Industriellen und Metallexporteure. Darin liegt nun aber kein Vorzug des Metallgeldes, sondern vielmehr ein Nachtheil. Es liegt kein Vorzug darin, weil die Nachfrage jener „Metallconsumenten" nicht nöthig ist, um dem Gelde seine allseitige Verwerthbarkeit als Tauschmittel zu sichern; denn die Waaren, welche Industrielle und Metallexporteure für das begehrte Metallgeld verkaufen, werden von ihnen auch für Papiergeld verkauft. Das geschieht regelmäßig sogar zu demselben Preise. Wenn die Metallconsumenten mit Rücksicht auf das Metallgewicht des Geldes höhere Preise bezahlen, so ist das eine Ausnahme. Dieselbe kommt nur dann vor, wenn vollwichtige Münzen für den Export gesucht werden und die Bedingungen der Notenbanken (Discont, Goldprämie!) zu ungünstig sind, um sie gegen Noten der Bank zum Geldwerthe einzutauschen. In diesem Ausnahmefalle sind es aber regelmäßig nicht Waarenverkäufer, welche ein solches „Agio" bewilligen, sondern Geldaufkäufer, die das vollwichtige Metallgeld nicht mit Waaren, sondern mit (abgenutztem) Gelde bezahlen. In der Ausnutzung der Kaufkraft des Geldes zum Ankauf von Waaren stehen also die Besitzer des Papiergeldes hinter den Besitzern des Metallgeldes in keiner Weise zurück.

Die Nachfrage der Metallconsumenten des Metallgeldes ist nun aber nicht nur entbehrlich, sondern sie ist auch nicht einmal wünschenswerth, ja sogar im höchsten Maße nachtheilig; denn sie ist es gerade, welche einen Theil von denjenigen Uebelständen hervorruft, welche sich bei einer Metallwährung ergeben und z. B. auch in Deutschland bei seiner Goldwährung ergeben haben. Auf diesen Punkt werden wir bei der Erörterung der Werthconstanz des Geldes noch näher eingehen. Hier sei nur daran erinnert, daß die folgenschweren Disconterhöhungen der Notenbanken in den meisten Fällen deshalb eintreten und die Gefahren der Entstehung von Geld- und Creditkrisen dadurch herbeigeführt werden, daß die Metallexporteure als Metallconsumenten nach dem Metallgelde Nachfrage halten.

4. Werthuniformität des Papiergeldes.

Das Geld muß, wenn es seine Function als allgemeines Tauschmittel in vollkommener Weise erfüllen soll, zu gegebener Zeit allen Geldcontrahenten (Consumenten wie Nichtconsumenten) gegenüber zu den
gleichen Bedingungen ausgetauscht werden können, damit es von dem
Besitzer nach Belieben und gerade da verwendet werden kann, wo sein
Interesse die Verwendung verlangt. Dazu ist es erforderlich, daß alle
Waarenverkäufer oder doch alle Verkäufer von Waaren gleicher Art und
gleicher Qualität die gleichen Preise für dasselbe bezahlen, d. h. gleiche
Mengen Waaren für eine gleiche Summe Geldes verkaufen. Die Kaufkraft
des Geldes gegenüber Waaren derselben Gattung muß also zu derselben Zeit überall gleich sein. Das ist der Inhalt des Postulats der
von uns so genannten „örtlichen Werthgleichheit", „Werthuniformität".*)

Die Werthuniformität bezw. die örtliche Gleichheit der Kaufkraft
des Papiergeldes ist nicht etwa schon durch den Zwangscours gegeben den das Papiergeld als Währungsgeld besitzt. Dieser Zwangscours reicht nämlich über die Grenzen der gesetzlichen Zahlkraft nicht
hinaus. Nur Schulden können vermöge desselben überall in der Höhe
des Nennwerths und deshalb überall zu gleichem Preise getilgt werden.
Im freien Tauschverkehr dagegen ist es jedermann unbenommen, auch das
mit Zwangscours ausgestattete Geld anders und zwar auch geringer zu
bewerthen. Daher ist es nicht ausgeschlossen, daß der Besitzer desselben
bei dem Abschluß neuer Tauschverträge nur einen Bruchtheil desjenigen Quantums Waaren dafür erhält, deren voller Geldpreis,
wenn er früher creditirt und jetzt geschuldet war kraft des Zwangs-
courses mit der gleichen Summe hätte bezahlt werden können. Diese
Erscheinung bildet im Falle einer Entwerthung des Papiergeldes sogar
die Regel. Der Zwangscours vermag dem Papiergelde also die erforderliche Uniformität der Kaufkraft nicht zu verschaffen.

Die Kaufkraft des Geldes kann nun als das Ergebniß des
freien Tauschverkehrs nicht anders bestimmt werden als die Kaufkraft
der Tauschwerth jedes anderen wirthschaftlichen Gutes welches den Gegenstand des Tauschverkehrs bildet. Die allgemeinen Gesetze dieses Verkehrs
müssen nothwendig auch auf das Geld Anwendung finden; denn das
Geld ist ein wirthschaftliches Gut wie alle andern das sich nur dadurch von diesen unterscheidet daß es allgemein als Tauschmittel verwendet wird.

Der Tauschwerth eines wirthschaftlichen Gutes wird bestimmt
durch den Preis den die Käufer für dasselbe bezahlen. Diese Käufer

find entweder Confumenten, die das Gut für sich behalten, um es selbst, sei es direct oder indirect, zu ihrer Bedürfnißbefriedigung zu verwenden, oder Nichtconfumenten, die das Gut an die Confumenten nur weitergeben, ohne seine natürlichen oder durch Acte des Staates erzeugten anderweitigen Eigenschaften (wie die Zahlkraft) für sich selbst auszunutzen. Die Confumenten bezahlen bei dem Erwerbe einen Preis mit Rückficht auf diese besonderen Eigenschaften; die Nichtconfumenten bezahlen einen Preis nur deshalb, weil sie erwarten, daß die Confumenten ihnen das Gut um jener Eigenschaften willen für einen Preis abkaufen. Die Nachfrage der Nichtconfumenten ist also keine selbständige, und der Preis, den sie bezahlen, ist von dem Preisaufwande der Confumenten abhängig.

Die Preise, welche die Confumenten und die Nichtconfumenten bezahlen, pflegen unter einander zu differiren. Eine solche Differenz ergiebt sich mit Nothwendigkeit, wenn die Nichtconfumenten Händler find, die aus dem Erwerbe und der Weiterveräußerung der Güter ein Gewerbe machen; denn diese können natürlich nur einen geringeren Preis bezahlen. Außerdem kommt es vor, soweit es sich nicht um marktgängige Waaren handelt, daß auch die einzelnen Confumenten und die einzelnen Nichtconfumenten unter einander verschiedene Preise bezahlen. Dementsprechend ist der Tauschwerth der Güter im Allgemeinen verschieden, je nachdem sie an Confumenten oder an Nichtconfumenten, ja sogar, je nachdem sie an diesen oder jenen Käufer veräußert werden müssen, um ihn zu realifiren.

Solche Tauschwerth-Unterschiede dürfen sich beim Gelde nicht ergeben, wenn das Postulat der Werthuniformität erfüllt sein soll.

Eine verschiedene Bewerthung des Geldes abseiten der Confumenten gegenüber den Nichtconfumenten ist nun bei der Eigenthümlichkeit des Geldes, insbesondere mit Rückficht auf dessen Function als allgemeines Tauschmittel in der Regel ausgeschlossen. Das zeigt ja die tägliche Erfahrung. Diese Erscheinung erklärt sich einerseits daraus, daß an dem Erwerbe des Geldes an Stelle anderer Tauschgüter auch die Nichtconfumenten ein besonderes persönliches Interesse haben, weil das Geld am leichtesten und besten überall und jeder Zeit zu verwerthen ist, andererseits daraus, daß die Zahl der Nichtconfumenten, welche das Geld den Confumenten zum Erwerbe anbieten, zu groß und ihre Concurrenz (durch eine Verschiedenheit der Erwerbskosten) zu wenig behindert ist, um allen oder doch einzelnen einen Preisaufschlag zu gestatten. Eine Ausnahme findet sich unter gewöhnlichen Verhältnissen nur im Leihverkehr, in welchem die gewerbemäßigen Vermittler, die Bankiers, geringere Preise (nämlich geringere Zinsen) bezahlen, und außerdem nur bei eintretender Geldknappheit, insbesondere bei einer Knappheit an Währungsgeld, in Anbetracht dessen sich die Geldschuldner genöthigt sehen können für das

zur Tilgung ihrer Schulden erforderliche Währungsgeld ein „Agio" zu
bewilligen. Das sind jedoch die einzigen Ausnahmen, und diese finden
sich, weil sie in dem Geldcharakter des Geldes begründet sind, (ohne daß
der Körper desselben in Betracht käme), auch bei dem Metallgelde.

Anders liegt die Sache hinsichtlich der Bewerthung des Geldes, soweit
dieselbe ohne Rücksicht darauf stattfindet, ob das Geld zu Consumtions-
oder zu Tauschzwecken verwendet werden soll. Hier können sich bei dem Gelde
ebenso wie bei anderen Gütern Verschiedenheiten ergeben, je nachdem dessen
wirthschaftlicher Werth im Vergleich zu dem Werthe der Gegenleistung
individuell verschieden geschätzt wird. Inwieweit das wirklich der Fall
ist, und ob dieser Umstand mit Nothwendigkeit zu einer verschiedenen
Bemessung der Preise führen muß, brauchen wir hier jedoch nicht näher
zu untersuchen. Es genügt das Verhalten des Metallgeldes und des
Papiergeldes in dieser Beziehung mit einander zu vergleichen; denn
unsere Aufgabe geht nur dahin, diesen Vergleich anzustellen, nicht aber
dahin, zu ermitteln, wie weit sich das Papiergeld dem Ideale eines
guten Geldes nähert.

Eine Verschiedenheit in der Bewerthung des Metallgeldes und
des Papiergeldes kann nun aus zwei Gründen eintreten: zunächst mit
Rücksicht auf die besondere Schätzung des metallenen Körpers des Metallgeldes abseiten der Metallconsumenten und sodann mit Rücksicht auf die
verschiedene Beurtheilung der Werthconstanz der beiden Geldsorten. Was
den ersteren Punkt anlangt, so brauchen wir darauf nicht näher einzugehen; denn, soweit die Metallconsumenten des Metallgeldes mit Rücksicht auf den Metallwerth desselben andere Preise bezahlen als die Geldconsumenten, (die ihren Preisaufwand natürlich ohne Rücksicht auf die
Eigenschaften des Geldkörpers bemessen), ist das kein Vorzug, sondern ein
Nachtheil des Metallgeldes, weil dadurch die Werthuniformität des Geldes
beeinträchtigt wird. Den zweiten Punkt werden wir bei der Erörterung der Werthconstanz des Geldes noch näher zu betrachten haben.

---

5. Das Postulat der Werthconstanz.

α. Allgemeines. — Aeußere Werthconstanz des Papiergeldes.

Neben der „örtlichen" Werthgleichheit, der „Werthuniformität", ist
für das Geld als allgemeines Tauschmittel auch eine gewisse „zeitliche"
Werthgleichheit oder „Werthbeständigkeit", „Werthconstanz" erforderlich

ober doch wünschenswerth. Der Grund hierfür liegt darin, daß es anderenfalls für die Tauschcontrahenten unmöglich oder doch schwierig sein würde, die Geldäquivalente für Waarenleistungen richtig zu bemessen. Das gilt im Baarverkehr nur für die Empfänger des Geldes, im Credit- verkehr aber sowohl für die Empfänger als auch für die Promittenten desselben. Die Empfänger des Geldes müssen nämlich voraussehen können, mit welchem Resultate sie das Geld in dem Augenblicke der für zweckmäßig erachteten Weiterveräußerung verwerthen, und die Promittenten, um welchen Preis sie es zur Zeit der Fälligkeit ihrer Verpflichtung werden beschaffen können. Am einfachsten und sichersten ist diese Schätzung aber natürlich dann, wenn die Modalitäten der Verwerthung und die Modalitäten der Beschaffung des Geldes sich nicht verändern, sondern „constant" bleiben.

Diese Constanz der Verwerthungs- bezw. Beschaffungsmodalitäten des Geldes braucht natürlich im Interesse des einzelnen Contrahenten nur so lange anzuhalten, bis dieser das erhaltene Geld wieder veräußert bezw. das versprochene beschafft hat. Dazu sind im Baarverkehr nur relativ kurze Fristen erforderlich. Da aber das Geld im Baar- verkehr aus der einen Hand direct in eine andere übergeht, und da das Interesse eines jeden Empfängers in Betracht kommt, so würde eine kurzfristige Constanz auch für den Baarverkehr nicht ausreichen. Für den Creditverkehr kann natürlich überhaupt nur eine dauernde Constanz in Betracht kommen.

Diese wünschenswerthe Constanz der Modalitäten der Verwerthung und der Beschaffung des Geldes ist es, die gewöhnlich als „Werthconstanz" des Geldes bezeichnet wird. Vielleicht hat man dabei nur an die Constanz des Tauschwerths gedacht. Diese reicht aber selbst für die Empfänger und Stipulatoren des Geldes nicht aus; denn diese ziehen nicht nur den Tauschwerth (die Kaufkraft) des Geldes, sondern auch die gesetzliche Zahl- kraft desselben in Betracht, wenn sie seinen Werth zum Zwecke der Bemessung des Tausch-Aequivalents für ihre Waaren abschätzen. Außerdem bliebe aber das Interesse der Promittenten des Geldes an der Constanz der Modalitäten seiner Beschaffung völlig unberücksichtigt. Die Constanz des Tauschwerths hat diese letztere, wenigstens bei einer offenen Metall- währung, noch keineswegs zur Voraussetzung. Sollte aber gemeint sein, daß der wirthschaftliche Werth des Geldes, also das Ergebniß der subjectiven Schätzung der Geldcontrahenten, constant bleiben müsse, um das Postulat der Werthconstanz zu erfüllen, so könnte das ebenfalls nur auf einem Irrthum beruhen. Die Constanz des wirthschaftlichen Werths des Geldes ist nämlich einerseits nicht erforderlich (übrigens auch bei dem subjectiven Charakter des Werths nicht möglich) und andererseits auch nicht genügend; letzteres nicht, weil dann jede Aenderung in der Schätzung des wirthschaftlichen Werths der Waaren eine Aenderung der Preise für das Geld mit Nothwendigkeit herbeiführen müßte.

Prüfen wir nun, ob das Papiergeld den Anforderungen der „Werthconstanz" des Geldes entspricht; ob also einerseits die gesetzliche Zahlkraft und die Kaufkraft, andererseits die Beschaffungskosten desselben mit dem Ablauf von Zeit sich nicht verändern.

Die Constanz der Zahlkraft des Papiergeldes setzt ein Doppeltes voraus, nämlich

1. daß der Geldcharakter des Papiergeldes an sich erhalten bleibt und seine Zahlkraft „äußerlich" (in ihrem Betrage) nicht geschmälert wird, wie das durch Acte der Staatsgewalt geschehen könnte;

2. daß die Zahlkraft desselben „innerlich" (in ihrem innern Werthe, ihrer inneren Kraft) sich nicht verändert, wie das geschehen würde, wenn die Waarenpreise sich ändern.

Die Constanz der Kaufkraft hat die gleiche Voraussetzung, wie die innere Constanz der Zahlkraft. Denn die Kaufkraft des Geldes wird durch die Waarenpreise bestimmt und die Waarenpreise sind es auch, welche den inneren Werth (d. h. den Gehalt) der Zahlkraft bestimmen, weil es (creditirte) Waarenpreise sind, welche unter Ausnutzung der Zahlkraft des Geldes bezahlt werden. Aendern sich die Waarenpreise, so bildet die gleiche Summe Geldes das Aequivalent für eine größere oder geringere Menge Waaren. Dementsprechend ändert sich die Kaufkraft sofort, die Zahlkraft allerdings erst später, nämlich erst dann, wenn diese Waaren- preise creditirt sind und es sich nun um die Bezahlung derselben handelt.

Bleibt die Kaufkraft constant, so ist ferner auch die Constanz der Beschaffungskosten gesichert; denn die Beschaffung des Papiergeldes ist nur durch Kauf überhaupt möglich. Daß das auch für den Staat gilt, ist oben (Seite 32) bereits nachgewiesen worden.

Die Bedingungen der Werthconstanz des Papiergeldes würden also nach allen Richtungen hin erfüllt sein, wenn

1. die Zahlkraft des Papiergeldes an sich und in ihrem Betrage erhalten bleibt („äußere Werthconstanz"), und wenn

2. die Waarenpreise unverändert bleiben („innere Werthconstanz" des Geldes).

Das sind aber nicht nur die Bedingungen für die Werthconstanz des Papiergeldes allein, sondern die Bedingungen für die Werthconstanz des Geldes überhaupt. Denn das Geld erfüllt ja allein dadurch seine Function, daß es den Besitzern die Ausnutzung einerseits seiner Kaufkraft und andererseits seiner Zahlkraft gestattet; dadurch also, daß es als allgemeines Tauschmittel und als Zahlmittel dient. Eine anderweitige Dienstleistung des Geldes liegt nicht in seiner Bestimmung; die Ausnutzung desselben als Waare zu industriellen oder sonstigen Productionszwecken, wie sie bei dem Metallgelde eintritt, widerspricht sogar dieser Bestimmung, weil sie das Geld an der Erfüllung seiner Geldfunctionen hindert, indem sie es dem Verkehr entzieht.

Was nun zunächst die äußere Werthconstanz des Geldes anlangt, so erscheint diese bei dem Papiergelde (ebenso wie bei dem Metallgelde) in unseren modernen Staaten und insbesondere unter den in Deutschland obwaltenden Verhältnissen völlig gesichert. Eine Ungültigkeitserklärung des Papiergeldes (ohne völligen Ersatz) oder eine Schmälerung seiner Zahlkraft, sei es durch die Herabsetzung seines Nominalbetrages, sei es auch nur durch die Beeinträchtigung seiner Annahmefähigkeit (z. B. bei Zollzahlungen) muß schon jetzt als ausgeschlossen gelten. Das haben wir oben (S. 13) schon erörtert. Die Sicherheit dafür, daß das nicht geschieht, muß aber mit der zunehmenden Einsicht in das Wesen des Geldes noch wachsen. Ist es erst allseitig klar erkannt, daß der Werth des Papiergeldes lediglich auf seiner gesetzlichen Zahlkraft beruht; daß eine Schmälerung derselben seinen Werth erschüttert; und daß die bewußte Herbeiführung einer Entwerthung des Papiergeldes nichts anderes ist als die Antastung des Eigenthums aller derjenigen Personen, deren Vermögen in Geld und (was besonders wichtig ist) in Geldforderungen besteht, so kann eine Schmälerung der Zahlkraft des Papiergeldes ebenso wenig überhaupt in Erwägung gezogen werden, wie daran gedacht wird, das sonstige Eigenthum der Staatsbürger anzutasten.

Dieser Behauptung gegenüber wird vielleicht auf die Thatsache verwiesen werden, daß noch in der neuesten Zeit und in einem modernen Staate eine Schmälerung der Zahlkraft des Papiergeldes thatsächlich vorgekommen ist. Wir denken an die im Jahre 1893 erlassene Vorschrift der italienischen Regierung, betreffend die Entrichtung der Eingangszölle in Gold anstatt in dem (übrigens nicht mit Zwangscours ausgestatteten und deshalb nicht zur Währung erhobenen) Papiergelde. Die Beweiskraft dieser Thatsache ist indessen schwach. Denn es muß einerseits berücksichtigt werden, daß jene Beschränkung der Annahmefähigkeit des Papiergeldes ohne eine Gesetzesänderung durch königliches Decret geschehen konnte, und es darf andererseits (mit Rücksicht auf die noch herrschende Unklarheit über das Wesen des Geldes) wohl behauptet werden, daß die Regierung sich entweder über die Tragweite dieses Schrittes gar nicht klar gewesen ist, oder daß das ein (gewiß nicht nachahmenswerthes, weil uncontrolirbares) Experiment war und daß sie von vorn herein beabsichtigt hat, die volle Zahlkraft des Papiergeldes wiederherzustellen, sobald Anzeichen für die Erschütterung der Werthconstanz des Geldes hervortreten würden.

Im Gegensatze zu der äußeren Werthconstanz des Geldes, ist die innere Werthconstanz des Geldes überhaupt unerreichbar.

Die innere Werthconstanz des Geldes erfordert, wie wir gesehen haben, daß die Waarenpreise unverändert bleiben. Nur dann ist einerseits die Verwerthung des Geldes mit demselben Nutzen (Resultate) und andererseits die Beschaffung desselben mit dem gleichen Opfer gesichert. Soll das aber geschehen; sollen also fortdauernd die gleichen Mengen von Waaren aller Art gegen gleiche Summen Geldes erhältlich und verkäuflich sein, so muß die Welt stille stehen. Die Preise sind ja nur ein anderer Name für das Austauschverhältniß zwischen Waare und Geld, und dieses ergiebt sich aus einer Gleichsetzung beider nach Maßgabe ihres wirthschaftlichen Werthes. Da nun bei fortschreitender Entwicklung auf der Waarenseite fortwährend Aenderungen eintreten, und zwar sowohl im Angebot (vor allem wegen der Verbilligung der Productionskosten) als auch in der Nachfrage (wegen Aenderung der Bedürfnisse und wegen Aenderung in der Vertheilung der Güter unter die verschiedenen Volksclassen), und da diese Aenderungen unter übrigens gleich gebliebenen Verhältnissen immer auch eine Aenderung der Preise nach sich ziehen, so müßten schon entsprechende Aenderungen in dem Angebot und der Nachfrage des Geldes eintreten, um durch die Ausgleichung der Aenderungen auf der Waarenseite die Constanz der Preise als Resultat herbeizuführen. Das wäre nun vielleicht möglich, wenn es sich nur um Waaren einer einzigen Art handelte, oder wenn die Aenderungen auf der Waarenseite sämmtlich in der gleichen Richtung und in der gleichen Stärke erfolgten. Es ist aber nicht möglich bei der herrschenden Vielheit der Waaren und bei der Verschiedenheit der (wenn auch nicht immer) für jede Waarengattung besonders eintretenden Aenderungen. Was allein erreichbar sein möchte, das ist die Constanz des Leihpreises des Geldes, des Zinsfußes.

Wenn somit die völlige Erhaltung der inneren Werthconstanz des Geldes unmöglich erscheint, so ist es doch vielleicht nicht ausgeschlossen, die Verwirklichung dieses Postulats in einem gewissen Umfange zu erreichen. Ob das und wie weit es möglich ist, haben wir aber hier, wo es nur auf die Vergleichung des Papiergeldes mit dem Goldgelde ankommt, nicht weiter zu untersuchen. Unsere Aufgabe ist erfüllt, wenn wir ermitteln, welches von beiden in dieser Richtung größere Garantien bietet. Das soll im folgenden Abschnitt geschehen.

β. **Innere Werthconstanz des Papiergeldes im Vergleich zu der inneren Werthconstanz des Metallgeldes (bei offener Goldwährung).**

Die Papierwährung unterscheidet sich von einer offenen Metallwährung dadurch,

1. daß die Währung eine „geschlossene" ist;
2. daß dem Gelde ein vollwerthiger (metallener) Geldkörper fehlt.

Die Geschlossenheit der Währung wirkt dahin, daß jede Vermehrung der Menge des umlaufenden Geldes, wie sie bei einer offenen Metallwährung durch Neuprägungen für private Rechnung erfolgt, ausgeschlossen ist. Das Fehlen des vollwerthigen Metallkörpers bewirkt, daß die Nachfrage der Metallconsumenten ermangelt. Der letztere Umstand ist in doppelter Beziehung von Bedeutung: zunächst deshalb, weil jede Verringerung der Geldmenge durch den Consum der Metallconsumenten unmöglich, und sodann deshalb, weil das Geld der Stütze des „inneren" Werthes beraubt ist. Daß der innere Werth des Geldes als Stütze des Geldwerths entbehrlich ist, haben wir oben (S. 28) bereits gesehen. Sein Fehlen kann daher direct einen Einfluß auf die Preisgestaltung nicht ausüben. Ob dasselbe indirect von Einfluß ist, werden wir später erörtern. Hier beschränken wir uns zunächst darauf, den Unterschied in Betreff der Regulirung der Menge des umlaufenden Geldes in Betracht zu ziehen.

Daß bei einer Papierwährung jede Einwirkung auf die Menge des umlaufenden Geldes seitens Privatpersonen (abgesehen von Fälschungen) wirklich ausgeschlossen ist, bedarf keiner weiteren Darlegung. Die Emission ist ja Staatsmonopol, der Geldkörper ist werthlos und die Umlaufsfähigkeit als Geld ist auf das Währungsgebiet und damit auf den Inlandsverkehr beschränkt.

Ebenso ist die Thatsache, daß bei offener Metallwährung eine solche Einwirkung stattfindet, bekannt. Es erscheint aber geboten, auf die Art und Weise dieser Einwirkung und auf den Umfang derselben noch etwas näher einzugehen.

Bei einer offenen Metallwährung und zwar auch bei einer Goldwährung gestattet die Prägungsfreiheit jedermann zu jeder Zeit Neuprägungen vorzunehmen. Von dieser Befugniß wird natürlich nur dann Gebrauch gemacht, wenn das Metall nicht anderweitig besser verwerthet werden kann. Andererseits wird aber auch dann immer davon Gebrauch gemacht, wenn die Ausmünzung des Metalles einen größeren Gewinn abwirft, als der Verkauf desselben auf dem Markte oder seine Verwendung zu Industriezwecken. Sind die Chancen in beiden Richtungen gleich, so entscheidet das Belieben des Metallbesitzers, dem dann der Eigennutz*) den Weg nicht mehr vorschreibt.

Außer der Vermehrung der Geldmenge kann aber jeder Zeit auch eine Verminderung derselben erfolgen. Eine solche Verminderung erfolgt entweder durch Einschmelzung oder durch Ausfuhr über die Grenzen des Währungsgebietes in das Ausland. Beides ist niemandem verwehrt, und der Eigennutz sorgt auch hier dafür, daß beides geschieht, sobald das (bei einer offenen Währung „vollwerthig" ausgeprägte) Metallgeld in Folge einer „Appreciation" des Geldmetalles „überwerthig" geworden ist. Dementsprechend verschwindet das Metallgeld aus dem Inlandsverkehr, sobald im Auslande höhere Preise für seinen Metallkörper geboten werden, (wie das z. B. bei Währungsänderungen zum Zwecke der Beschaffung des neuen Geldmetalles geschieht), und ferner, sobald die inländischen Industriellen besser daran thun, das von ihnen vereinnahmte Metallgeld direct für ihre Zwecke zu verwenden, als fremdes Metall dafür erst zu kaufen (wie es bei sinkenden Metallpreisen vortheilhaft wäre).

Da Neuprägungen (in größerem Maße) nur bei sinkenden Metallpreisen, Einschmelzungen und Exporte aber besonders bei steigenden Metallpreisen vorgenommen werden, so ist ein Ausgleich der Vermehrung und der Verminderung des Geldes nur dann möglich, wenn der Metallpreis auf der gleichen Höhe verbleibt. Ein solcher Ausgleich wird jedoch durch einen anderen Umstand erschwert. Die Ausfuhr vollwerthig ausgeprägten Metallgeldes erfolgt nämlich nicht nur dann, wenn die Verwerthung desselben im Auslande vortheilhafter ist, sondern auch dann, wenn die Bilanz des Auslandsverkehrs einen Passivsaldo ergiebt. Dieser Umstand erlangt für verschuldete Länder, die durch ihre Ausfuhr zunächst einen festen Passivposten zu decken haben, ehe sie ihre Forderungen aus derselben zur Compensation ihrer Einfuhr verwenden können, eine ganz erhebliche Bedeutung. Derselbe ist aber um so mehr zu beachten, als ein Abströmen des Metallgeldes die Notenbanken regelmäßig zu Disconterhöhungen veranlaßt, die eine Beschränkung der Notenausgabe nach sich ziehen. In Folge dessen tritt eine weitere Verringerung des Geldumlaufs ein, und die Gefahr der Entstehung von Geldkrisen rückt näher.

Die Geschichte beweist, daß das nicht bloße Phantasiegebilde sind. Haben doch Frankreich und Belgien und Oesterreich in den Jahren 1878 und 1879 ihre Prägestätten dem Silber lediglich deshalb verschließen müssen, weil der Andrang der Silberbesitzer zu groß wurde, und zeigt doch die Statistik des Goldhandels, daß auch Münzen aus Gold bei offener Währung über die Grenzen des Landes ein- und ausgehen. Um welche

---

*) Das Wort „Eigennutz" ist hier nicht in tadelndem Sinne gebraucht. Der Eigennutz wird erst tadelnswerth, wenn er in Selbstsucht ausartet.

Zahlen es sich dabei handelt ergiebt sich, wenn man erwägt, daß in Indien in der Zeit von 1870/71 bis 1892/93 durchschnittlich jährlich 65 000 000 Rupien (à ca. 1,25 M. nach dem jetzigen Course) von Privatpersonen geprägt worden sind*), und daß Oesterreich-Ungarn in den Jahren 1892 und 1893 (je in den ersten 9 Monaten) für 102,7 Millionen Gulden ausländische Goldmünzen eingeführt hat.**) Geldknappheit und Geldkrisen in Folge des Exports von Goldgeld haben wir aber noch vor kurzem in den Vereinigten Staaten von Nordamerika erlebt.

In Ländern mit offener Goldwährung ist nun die Gefahr einer übermäßigen Vermehrung des Geldes durch Neuprägungen heutzutage ausgeschlossen, aber die weit schlimmere Gefahr einer Verminderung des Geldumlaufs dauernd vorhanden. Die Goldpreise haben ja zur Zeit eine steigende Tendenz; hat doch die Oesterreichisch-ungarische Bank ihre Ankaufspreise für Gold erst im Jahre 1892 um 0,94 pr. Mille höher angesetzt, als die deutsche Reichsbank.***)

Die Größe der umlaufenden Menge Geldes ist nun ein Umstand, welcher auf die Gestaltung der Waarenpreise einen ganz erheblichen Einfluß ausübt. Daß das geschehen muß und in welcher Weise es geschieht, können wir hier (durch eine Erörterung der Preistheorie) nicht näher darlegen. Die Thatsache selbst dürfen wir aber, wenigstens für den Waarenverkehr, als allgemein bekannt voraussetzen. Angebot und Nachfrage gelten ja allgemein sogar als die eigentlichen „Factoren" des Preises, und jedermann weiß, daß die Preise steigen, wenn der Marktvorrath abnimmt, und daß die Preise sinken, wenn derselbe sich vermehrt. Diese allgemeinen Sätze des Waarenverkehrs finden nun aber auch auf den Geldverkehr Anwendung. Daß das wirklich der Fall ist, läßt sich für den Leihpreis des Geldes (d. h. den Zinsfuß) mit Sicherheit feststellen; für den (in Waarenmengen ausgedrückten) Kaufpreis des Geldes ist diese Feststellung allerdings unmöglich oder doch schwierig, weil die im Waarenverkehr eintretenden Aenderungen der Preise auch in Veränderungen auf der Waarenseite ihren Grund haben können. Im Geldleihverkehr und besonders im sicheren kurzfristigen Discontgeschäft, bei dem nur Geld und Geldverpflichtungen gegen einander ausgetauscht werden, zeigen die Schwankungen des Zinsfußes deutlich an, daß auch bei dem Gelde die Preise

---

*) Comitee-Bericht über die indische Währungsreform Nr. 30. Uebersetzt von Ofterseher. Wien 1893. S. 32. R X   10 Rupien.

**) Zeitschrift für Staats- und Volkswirthschaft, IV. Band, Nr. 44. S. 12. Wien, den 29. October 1893. Andere Ziffern stehen dem Verfasser leider nicht zu Gebote.

***) A. Heiligenstadt: Beiträge zur Lehre von den auswärtigen Wechselcoursen in Conrads Jahrbüchern. III. Folge. V. Band. 1892. S. 240 ff.

steigen, wenn das Geld knapp ist, und daß sie fallen, wenn dasselbe flüssig, also in großer Menge angeboten ist.*)

Wir haben nunmehr zu untersuchen, ob die „Regulirung" der umlaufenden Menge Geldes durch die „natürlichen" Gesetze des freien Verkehrs (d. h. durch den Eigennutz der Menschen), wie sie sich bei einer offenen Metallwährung und insbesondere auch bei der offenen Goldwährung findet, oder aber die Regulirung derselben durch das Ermessen des Staates, wie das bei einer Papierwährung der Fall ist, für die Erhaltung der inneren Werthconstanz des Geldes größere Garantien bietet.

Die Entscheidung muß — die Verhältnisse moderner Staaten und damit eine auf den Grundlagen des Rechts und der Vernunft aufgebaute Staatsgesetzgebung und Staatsverwaltung vorausgesetzt — nothwendig zu Gunsten der Papierwährung ausfallen. Das wird eine kurze Betrachtung ergeben.

Eine regellose, nur durch das Privatinteresse einzelner Privatpersonen veranlaßte Vermehrung oder Verminderung der Geldmenge, wie sie bei einer offenen Goldwährung stattfindet, kann zweifellos nur durch einen Zufall bewirken, daß die Preise constant bleiben. Der Eigennutz der Privatpersonen, welcher sie herbeiführt, nimmt auf das allgemeine Wohl oder auch nur auf die Interessen der Mehrzahl der Nebenmenschen, keine Rücksicht; ja, er scheut sich nicht den eignen Gewinn auch dann anzustreben, wenn derselbe nur auf Kosten anderer zu erreichen ist. Nun mag es ja richtig sein, daß der Eigennutz bei freiem Walten im Verkehr das Ergebniß hervorbringt, daß die Güter in der ganzen Welt so vertheilt werden, wie es eine von wirthschaftlichen Grundsätzen geleitete Weltbehörde nicht besser bewirken könnte. Eine gleichmäßige Vertheilung des Geldmetalls, insbesondere des Goldes, über die ganze Welt, wie sie im Falle allgemeiner Geltung des Prinzips der offenen Metallwährung erfolgen würde, könnte jedoch nur dann auch den Interessen des einzelnen Volkes, die doch zunächst in Betracht kommen, entsprechen, wenn die

---

*) Es mag hier bemerkt werden, daß Aenderungen des Leihpreises des Geldes d. h. des Zinsfußes oder des Kaufpreises des Geldes (d. h. der Waarenpreise) durch Mengenveränderungen des Geldes hervorgerufen werden, je nachdem die veränderten Mengen sich im Besitze der oberen Klassen, die das Geld zum größten Theile ausleihen, oder im Besitze der unteren Klassen, die es zumeist zum Ankaufe von Waaren verwenden, befinden. Die Hoffnung der Bimetallisten, daß eine Vermehrung der Menge des Geldes eine Steigerung der Waarenpreise hervorrufen werde, kann also nur dann in Erfüllung gehen, wenn das vermehrte Geld in die Hände der unteren Classen gelangt, was ja bei einer Vermehrung des Geldes abseiten des Staates auf directem Wege dadurch bewirkt werden könnte, daß die in Circulation zu setzenden Summen darlehnsweise zu geringen oder doch zu nicht höheren als den im Großverkehr üblichen Zinsen an kleine Leute, insbesondere an Arbeitergenossenschaften, gegeben werden.

Interessen aller Staaten der Welt solidarisch wären. Das ist aber durchaus nicht der Fall. Der Kampf um das Gold, der, wenn auch mit einzelnen Pausen, allseitig und dauernd geführt wird, beweist das einem jeden, der sehen will, zur Genüge.

Wenn nun bei der Papierwährung eine solche freie und „natürliche" „Regulirung" der Geldmenge durch die Gesetze des allgemeinen Verkehrs ausgeschlossen ist, so kann das gewiß kein Nachtheil der Papierwährung sein. Damit ist aber noch nicht gesagt, daß die staatliche Regulirung der Menge des Papiergeldes unter allen Umständen besser sein müsse. Die Geschichte bietet genügend Beispiele, die das Gegentheil beweisen. In den modernen Staaten aber, die nach Recht und Gerechtigkeit in erster Linie und im Interesse der allgemeinen Wohlfahrt in zweiter Linie regiert werden; in Staaten also, in denen ein Mißbrauch der Notenpresse nicht zu befürchten ist, ist die staatliche Regulirung allerdings vorzuziehen. Eine solche Regulirung gestattet aber die Papierwährung in der vollkommensten Weise. Sie gestattet ja nicht nur, die Vermehrung des Geldes in mäßigen Grenzen zu halten, und schließt nicht nur die Verminderung seiner Menge durch die Willkür und das Belieben von interessirten Privatpersonen aus, sondern sie macht es auch möglich, die Menge des Geldes den wechselnden Bedürfnissen des Verkehrs anzupassen und die dort mit Nothwendigkeit eintretenden Aenderungen in Angebot und Nachfrage durch absichtlich herbeigeführte entsprechende Aenderungen der Menge des Geldes in ihren Wirkungen auszugleichen, um auf diese Weise, soweit das überhaupt möglich ist, die Constanz der Preise als Resultat herbeizuführen. Das ist bei einer reinen (offenen) Metallwährung, ganz abgesehen von den Störungen, welche die Maßnahmen der Privatpersonen verursachen, schon deshalb ausgeschlossen oder doch nur in ganz beschränktem Maße möglich, weil die Seltenheit des Geldmetalles und die Kosten seiner Beschaffung unüberwindliche Schranken aufrichten.

In den heutigen Staaten mit Metallwährung findet ja allerdings eine gewisse Regulirung der Geldmenge thatsächlich statt. Das ist aber überhaupt nur deshalb möglich, weil von der reinen Metallwährung abgewichen wird, indem Banknoten, also gewissermaßen eine Art Papiergeld (wenn auch einlösbar und ohne gesetzliche Zahlkraft) ausgegeben werden; und trotz der Heranziehung dieses „Papiergeldes" kann es nur in beschränktem Maße geschehen, einerseits weil der Zwang zur Einlösung aller präsentirten Noten in Metallgeld und andererseits weil das eigene Interesse an einem hohem Zinsfuße die Banken daran hindert, diese Regulirung in dem durch die Rücksicht auf die Werthconstanz des Geldes gebotenen Umfange auszuüben. Die Schranke, die der Eigennutz bildet, kann nun freilich auch bei einer Metallwährung beseitigt werden, nämlich dadurch, daß der Staat die Bank übernimmt und im Allgemeininteresse verwaltet; dagegen würde die Einlösung aller präsentirten Noten in Metallgeld ohne jede Beschränkung der Notenausgabe, wie solche jetzt in Folge der Disconterhöhungen eintritt, zu große Kosten verursachen. Die Papierwährung gestattet dagegen beides und bringt sogar die staatsseitige Uebernahme der Banken als Consequenz mit sich, während eine solche bei einer offenen Metallwährung dem Prinzipe der Regelung des Geldwesens ohne Eingriff des Staates widerstreiten würde.

Die staatsseitige Regulirung der Menge des Geldes bei einer Papierwährung ist nun freilich in Anbetracht der Veränderlichkeit der „Bedürfnisse" des Verkehrs nicht zu ermöglichen, wenn jede Neuemission von Papiergeld an den vorgängigen Erlaß eines besonderen Gesetzes gebunden wird. Aber sie läßt sich dennoch mit der Aufrechterhaltung des ersten Grundsatzes einer Papierwährung — der gesetzlichen Beschränkung der Geldausgabe — vereinigen, wenn der Mechanismus der Banken, wie er jetzt besteht, in den neuen Zustand hinübergenommen und die gesetzliche Vorschrift dahin gefaßt wird, daß die Bank nicht mehr Notengeld ausgeben dürfe, aber auch so viel ausgeben müsse, als zu dem bisher landesüblichen Zinsfuße (unter Berücksichtigung der Risicoprämie) begehrt werde. Sollte das bedenklich erscheinen, so kann man sich auch, freilich auf Kosten des Erfolges, damit begnügen, die Notenausgabe gesetzlich in der jetzt üblichen Weise durch eine absolute oder eine Steuercontingentirung zu beschränken. —

Mit einer solchen Regulirung würde zwar nur das Gleichbleiben des Leihpreises des Geldes erreicht werden können, nicht auch die Constanz seines Kaufpreises. Die Constanz des Leihpreises ist aber auch wohl allein erreichbar und jedenfalls vor allem wichtig (vielleicht auch allein wünschenswerth), weil die Production nur dann ihren ruhigen und stetigen Gang einhalten kann, wenn ihr die Erlangung des erforderlichen Capitals zu gleichbleibendem Zinssatze gesichert ist, und weil die Interessen eines Volkes sich auf seine Production concentriren. —

Wir haben nun noch die Erörternng eines Punktes nachzuholen, dessen Betrachtung wir oben aufgeschoben haben. Bei der Feststellung der Unterscheidungsmerkmale der Papierwährung und der offenen Metallwährung haben wir darauf hingewiesen, daß das Papiergeld der Stütze des sogenannten „inneren" Werths d. h. des Materialwerths entbehre, und haben darauf aufmerksam gemacht, daß dieser Unterschied indirect eine Verschiedenheit in der Gestaltung der Preise hervorrufen könne, wenn etwa das Vertrauen auf die Erhaltung der Werthconstanz des Geldes einerseits bei herrschender Papierwährung andererseits bei herrschender Metallwährung verschieden sei. Dieses Vertrauen ist allerdings von Einfluß auf die Preise. Jedermann weiß, daß eine Waare in der Gegenwart

zu billigeren Preisen, wenn das nothwendig ist, verkauft wird, um einen
größeren Schaden, der für den Fall eines Aufschubs der Veräußerung
befürchtet wird, zu vermeiden. Das gilt auch vom Gelde. Hier muß
ein geringeres Vertrauen auf die Werthconstanz des Geldes die gleiche
Erscheinung hervorrufen.

Wenn wir nun aber das Metallgeld und das Papiergeld in
dieser Richtung mit einander vergleichen, so kann es nicht wohl zweifelhaft sein, daß dasjenige Geld das größere Vertrauen besitzen wird, dessen
Werthconstanz zu erhalten der Staat sich zu seiner besonderen Aufgabe
macht. Allerdings muß hinzu kommen, daß der Staat auch die Fähigkeit besitzt, diese Aufgabe durchzuführen. Diese Fähigkeit ist aber bei
einer geschlossenen Währung und bei einem von einem werthlosen Körper
getragenen Gelde wie bei dem Papiergelde in weit höherem Grade vorhanden, als bei dem Metallgelde, und die Bereitwilligkeit und das Be-
streben, in dieser Richtung thätig zu werden, kann dem modernen Staate
bei einer Papierwährung ebenso wenig bestritten werden wie bei einer
Metallwährung. Daß das nicht nur für ruhige, sondern auch für
Krisenzeiten gilt, haben wir schon oben (S. 14) nachgewiesen. So muß
denn auch in diesem Punkte der Vergleich zu Gunsten des Papiergeldes
ausfallen.

b. Geschichtliche Erfahrungen.

Unserer gesammten Beweisführung dahin, daß das Geld schon
durch seine gesetzliche Zahlkraft allein eine sichere Basis für seinen Werth
erhalte; daß es des metallenen Körpers desselben nicht bedürfe; ja, daß
der metallene Körper desselben, zumal bei einer offenen Währung für
die Erhaltung der Werthconstanz des Geldes nicht nur nicht förderlich,
sondern hinderlich sei, wird nun zweifelhaft die Thatsache entgegenge-
halten werden, daß bisher fast immer in Staaten mit Papierwährung
eine Entwerthung des Geldes eingetreten ist. Diese Thatsache ist gewiß
nicht zu leugnen. Indessen, es ist ebenso feststehend, daß die Papierwährung in allen jenen Fällen eingeführt und durchgeführt ist, ohne daß auch
nur im geringsten auf die Erhaltung der Werthconstanz des Geldes
Rücksicht genommen, insbesondere ohne daß dem Papiergelde unge-
schmälerte Zahlkraft verliehen und ohne daß die nöthigen gesetzlichen
Garantien für die erforderliche Beschränkung seiner Menge geschaffen wurden.

Außerdem sind die meisten dieser Erfahrungen in einer Zeit gemacht
worden, in welcher vielleicht weder das Wohl des Staates noch auch
die strenge Beobachtung des Rechts (welche der Sorge für das Staatswohl
noch voranzustellen ist) die Richtschnur der Regierung und der Gesetzgebung bildete; in einer Zeit ferner, in welcher man sich garnicht darüber
klar war, worin das Wesen des Geldes bestehe und welche Anforderungen die Erhaltung seiner Werthconstanz stelle, und auch nicht
bedachte, daß die bewußte Herbeiführung einer Entwerthung desselben
nichts anderes sei, als eine Beraubung desjenigen Theils der Bevöl-
kerung, dessen Vermögen in Geld oder Geldforderungen besteht.

Von den krassen Beispielen einer Entwerthung des Papiergeldes
wird aber vielleicht abgesehen und nur auf Oesterreich-Ungarn hingewiesen werden, das sich eben anschickt seine Papierwährung aufzu-
geben. In Oesterreich-Ungarn ist nun das Papiergeld allerdings mit
fast ungeschmälerter Zahlkraft ausgestattet (es ist nämlich nur dazu nicht geeignet bei der Bezahlung von Zöllen Anwendung zu finden) und es
ist ferner auch nicht in übermäßiger Menge ausgegeben oder doch seit
1866 über den damals festgestellten Betrag von 412 Millionen Gulden
hinaus nicht vermehrt worden.*) Seit 1879 ist auch die übermäßige Ausprägung unterwerthigen Silbers auf Privatrechnung einge-
stellt und sind seitens des Staates (bis 1889) nur ca. 96 Millionen
Silber-Gulden geprägt worden*), eine Summe, die sicherlich die Anforderungen des gesteigerten Verkehrs nicht überschreitet. Endlich ist auch
die Summe der metallisch ungedeckten Banknoten, die Anfang 1891 ca.
151 Millionen Gulden betrug**), im Verhältniß zu den entsprechenden
Summen in anderen Ländern keine übermäßige zu nennen. Trotzdem
aber spricht man von einer „Entwerthung" der oesterreichischen Valuta
und wird eine Valuta-Regulirung vorgenommen, um den Geldwerth zu
stabilisiren.

Dieser Thatsache gegenüber ist nun zunächst darauf hinzuweisen,
daß die Behauptung, die oesterreichische Valuta habe an Werth verloren, keineswegs bewiesen ist. Wenn man zum Beweise derselben
auf die Durchschnitts-Course der Londoner Wechsel in Wien hinweist,
so sind diese zum wenigsten nur ein ganz schwaches und höchst unzuver-
lässiges Beweismittel. Diese Course, (d. h. die Geldcourse, hinter denen
die Waarencourse etwas zurückbleiben) sind von 1879 bis 1887 ununterbrochen, und zwar von 117,70 (Fl. für 10 Pfd. Sterl.) auf 126,98 gestiegen, dann im Jahre 1888 auf 125,02 zurückgegangen, im Jahre

---

*) A. Kleinwächter bei Schaeffle: Zeitschrift für Staatswissenschaft. Band
49 (1893) S. 667.
**) Vergl. Landesberger: Währungsystem und Relation. S. 140 ff. 143.

1889 plötzlich auf 119,97 und im Jahre 1890 auf 116,77 gefallen, um dann im Jahre 1891 annähernd wieder auf den Cours vom Jahre 1879, nämlich auf 117,10, zu steigen *) und im Jahre 1893 ihren hohen Stand vom Jahre 1887 wieder zu erreichen, den sie im Laufe dieses Jahres sogar einzeln überschritten, am Ende desselben aber bei einem Coursstande von 124,50—125 wieder verlassen haben. Nach Maßgabe dieser Course müßte die oesterreichische Valuta vom Jahre 1879 bis zum Jahre 1887 ununterbrochen an Werth verloren, 1888 ein wenig, 1889 den größten Theil und 1891 den Rest wiedergewonnen haben, um dann bis 1893 wieder auf den tiefsten Stand zu sinken. Schon aus der Art und Weise dieser Bewegung, insbesondere aber aus der Plötzlichkeit der Steigerung um 4 % in der kurzen Zeit von 1888 bis 1889 (nach dem allmählichen Sinken in früheren Jahren), die eintrat, obwohl die Zahlkraft des Papiergeldes nicht vergrößert wurde und eine Restriction seiner Menge nicht stattfand, läßt sich entnehmen, daß jene Coursbewegung doch wohl andere Gründe haben mußte, als die Ent-werthung und die Werthsteigerung des Papiergeldes. Das wird um so wahrscheinlicher, wenn man bedenkt, daß Londoner Wechsel Anweisungen auf Gold sind, die nothwendig mit der Preisänderung des Goldes selbst im Preise steigen oder sinken müssen, und wenn man berücksichtigt, daß gerade zu der Zeit, als jene Course so plötzlich fielen — in den Jahren 1888 und 1889 — Europa in Folge amerikanischer Abgaben so stark mit Gold überfluthet wurde, daß die deutsche Reichsbank ihren Metall-vorrath, der bis zum Jahre 1886 600 Millionen Mark nicht über-schritten hatte, auf den ungeheueren Betrag von 1021 Millionen Mark (am 7. August 1888) **) erhöhen und ihn im Jahre 1888 durchschnittlich auf 903 Millionen Mark, 1889 auf 871 Millionen Mark, 1891 auf 893 Millionen Mark, 1892 auf 942 Millionen Mark zu halten ver-mochte, ***) während derselbe zur Zeit des Höchststandes jener Course im Jahre 1893 trotz der Erhöhung des Discontsatzes auf 5 % nur mit Mühe vor dem Herabsinken unter 775 Millionen Mark bewahrt werden konnte. Es ist nun aber weiter zu beachten, daß auf die Wechselcourse die verschiedensten Umstände einwirken, und daß ganz wesentliche Ur-sachen ihres Steigens und Fallens in dem Verkehr mit Waaren und Werthpapieren, aus welchem sich die Handelsbilanz ergiebt, ferner in dem Ab-schlusse von Anleihen und in der Zinsverpflichtung des Staates zu suchen sind. Außerdem kommt in Betracht, daß der Vergleich der einheimischen Valuta mit derjenigen eines fremden Landes überhaupt keinen sicheren

---

*) Menger: Der Uebergang zur Goldwährung. Wien und Leipzig 1892. S. 7.

**) Landesberger: Währungssystem und Relation. Tabellen.

***) Telschow: Der gesammte Geschäftsverkehr mit der Reichsbank. 6. Auflage, Anlage 14.

4

Maßstab dafür bietet, ob die einheimische Valuta an Werth verloren oder gewonnen hat, weil die Differenzen zwischen beiden ebenso gut durch eine Veränderung der fremden wie durch eine Veränderung der einheimischen Valuta hervorgerufen sein können. Ein sicheres Urtheil ist nur dann möglich, wenn es feststeht, daß die fremde Valuta unverändert geblieben ist. Daß das aber bezüglich der Goldwährung und insbesondere bezüglich der englischen Goldwährung der Fall sei, wird wenigstens von vielen Seiten mit guten Gründen bezweifelt.

Nehmen wir aber auch einmal an, es sei bewiesen, daß die Wertheonstanz des Geldes in Oesterreich-Ungarn bei seiner Papierwährung weniger gut gewahrt worden sei als in Ländern mit offener Goldwährung, so könnte daraus immer noch kein Beweis gegen die Papierwährung überhaupt entnommen werden; denn eine staatliche Regulirung des Geldwesens im Hinblick auf die Erhaltung der Werthconstanz des Geldes hat in Oesterreich-Ungarn nicht stattgefunden. Zu Gunsten des Papiergeldes kann dagegen angeführt werden, daß das Papiergeld daselbst seine Gleichwerthigkeit mit dem Silbergelde seit 1879, also auch zur Zeit der Vollwerthigkeit des Silbergeldes (1879—1884), ohne jedes Schwanken hat behaupten können. Wäre das Papiergeld wirklich kein dem Metallgelde ebenbürtiges Geld, so würde das doch in dem langen Zeitraum von 15 Jahren irgend einmal hervorgetreten sein. *)

Man könnte nun aber zugeben, daß das Papiergeld in ruhigen Zeiten brauchbar sei, und könnte dennoch seine Gleichwerthigkeit mit dem Metallgelde nicht anerkennen wollen. Und in der That, ihre Probe kann die Papierwährung erst in kritischen Zeiten bestehen, wie jede andere Institution im Leben auch. In ruhigen Zeiten denken nur wenige Menschen darüber nach, worauf der Werth des Geldes eigentlich beruht, und nur wenige machen sich klar, welcher Umstand es rechtfertigt, daß sie ihre Waaren und Leistungen für Geld hingeben, welches sie doch seiner körperlichen Eigenschaften wegen nicht schätzen. Die meisten nehmen das Geld (zu seinem Nennwerthe), weil andere es auch thun, und weil sie erwarten, daß wieder andere, nämlich ihre Abnehmer, das ebenfalls thun werden. In ruhigen Zeiten wird die Werthconstanz des Geldes daher in nicht geringem Maße schon durch die Gewohnheit aufrecht erhalten. In kritischen Zeiten dagegen, wenn der Verkehr stockt und jeder bedenklich wird, müssen auch diejenigen Mängel an den Tag kommen, die vorher verborgen bleiben konnten.

Die Papierwährung hat nun ihre Probe bereits bestanden. Die Geschichte der neueren Zeit bietet uns einen vollgültigen Beweis dafür,

---

*) Eine sehr lesenswerthe abfällige Kritik der oesterreichischen Valutaregulirung giebt **Gruber:** Nationales und internationales Geld. Wien 1892.

daß sie sich allen Stürmen gewachsen zu zeigen vermag. Wir meinen die Erfahrungen Frankreichs in den Jahren der Papierwährung von 1870—1878. In dieser Zeit haben die Noten der Bank von Frankreich, die uneinlösbar gemacht und mit Zwangscours ausgestattet, also in Papiergeld umgewandelt waren, ihren vollen Goldwerth zu behaupten vermocht, — obwohl die schlimmsten Stürme über Frankreich hereingebrochen waren: Krieg, Regierungswechsel und Zahlung einer Kriegsentschädigung von 5 Milliarden Francs. Man hat diese Erscheinung daraus erklären wollen, daß jedermann angenommen habe, Frankreich werde jene Noten später mit „vollwerthigem" Metallgelde einlösen.*) Diese Erklärung erweist sich aber, wenigstens für die ersten (also die schlimmsten) Jahre, ohne Weiteres als hinfällig. Eine Einlösung in Metall konnte damals in Anbetracht der gewaltigen wirthschaftlichen Schäden, welche der Krieg dem Lande gebracht hatte, und bei der Verminderung gerade des Reichthums an Metallgeld**) (in Folge der Bezahlung der Kriegsentschädigung im Betrage von 5 Milliarden Francs in Metall) für eine nahe Zukunft gar nicht erwartet werden. Sie ist auch thatsächlich nicht erwartet worden, wie das allgemeine Erstaunen der Welt über die schnelle Erholung Frankreichs gezeigt hat. War aber eine Einlösung in Metallgeld für die nächste Zukunft nicht zu erwarten, so konnte dieselbe den Noten auch keinen gleich hohen Gegenwartswerth verleihen, und der doch immerhin unsichere „metallische" Zukunftswerth derselben wäre in der Gegenwart nur stark „discontirt" zum Ausdruck gekommen. Die Noten würden deshalb — und zwar auch im Inlande, denn der Patriotismus pflegt in Geldsachen zu versagen, — zweifellos eine starke Wertheinbuße erlitten haben, wenn nicht die ungeschwächte gesetzliche Zahlkraft ihren früheren Werth aufrecht erhalten hätte.

---

*) **Bamberger**: Die Stichworte der Silberleute. 4. Aufl. Berlin 1893. S. 22.
**) Auf die Größe dieses Reichthums an Metallgeld wird besonderes Gewicht gelegt.

III. Geldfähigkeit des Papiergeldes im Auslandsverkehr bei Einrichtung einer „Goldreserve für den Auslandsverkehr."

a. Die Functionen des Geldes im Auslandsverkehr.

Wir haben bisher nur den Umlauf des Geldes im Inlands-verkehr betrachtet und dabei gefunden, daß das Papiergeld insoweit die Functionen des Geldes ebenso gut oder besser zu erfüllen vermag als das Metallgeld, auch als das Goldgeld einer offenen Goldwährung. Die Geldfähigkeit für den Inlandsverkehr genügt aber nicht. Das Geld ist auch dazu bestimmt dem Auslandsverkehr zu dienen. Wir haben daher noch zu untersuchen, ob das Papiergeld sich auch im Auslands-verkehr zu bewähren vermag.

Das Papiergeld gilt allgemein für wenig geeignet die Functionen des Geldes im Auslandsverkehr zu versehen. Gold, sagt man, sei das internationale Zahlmittel, Gold das internationale Geld. Dabei pflegt man sich nicht weiter klar zu machen, daß ein Geld nothwendig national be-schränkt sein muß; daß alle internationalen Verträge unter Zugrundelegung irgend eines nationalen Geldes abgeschlossen werden; daß alle internationalen Verbindlichkeiten mit dem nationalen Gelde des Erfüllungsorts getilgt werden müssen. Es wird ferner übersehen, daß das Gold im Auslandsverkehr nur selten überhaupt als Zahlmittel gebraucht wird. Diesen Dienst versieht vielmehr allgemein der Wechsel. Der Wechsel lautet aber nicht auf Gold, sondern auf das Währungsgeld am Zahlungs-orte, also auf nationales Geld, das vielleicht Goldgeld ist, aber auch Papiergeld sein kann. Nur der Saldo der Zahlungsbilanz wird (zwischen Ländern mit Goldwährung) gewöhnlich mit Gold ausgeglichen. Dieses Gold geht dann aber, wenn auch in der Form des Geldes, so doch nicht als Geld in das Ausland, sondern als Waare, freilich als Waare, die zur Produktion ausländischen Geldes durch Ausmünzung im Auslande geeignet ist und deshalb eine ganz besondere Eigenschaft besitzt. Dazu bedarf es aber nicht des Gold-Geldes, sondern nur des Gold-Metalls, und Gold-Metall ist eine Waare, die überall angeboten wird, wo sich

Nachfrage findet, eine Waare, die in Ländern mit Papierwährung jederzeit gegen Papiergeld erworben werden kann.

Der Grund, weshalb das Papiergeld sich bisher als weniger tauglich zur Erfüllung der Geldfunctionen im Auslandsverkehr gezeigt hat als das Goldgeld, liegt darin, daß es ein größeres Schwanken der Wechselcourse (man meint sogar: ein Schwanken ohne Grenzen) ermöglicht. Es ermöglicht dieses stärkere Schwanken aber nur und zieht es nicht etwa mit Nothwendigkeit nach sich. Die Ausstattung der Papierwährung mit einer „Goldreserve für den Auslandsverkehr" vermag diesen Uebelstand zu beseitigen. Hierdurch kann nämlich das Schwanken der Wechselcourse auf jenes geringe Maß zurückgeführt werden, welches in Ländern mit offener Goldwährung nicht überschritten wird. Das soll bewiesen werden.

Hierzu müssen wir uns zunächst klar machen, wie sich die Wechsel-course überhaupt bilden und wo die Grenzen für ihre Schwankungen zu suchen sind.

b. Theorie der auswärtigen Wechselcourse.

Die Wechselcourse sind Preise, die im freien Tauschverkehr fest-gestellt werden. Die allgemeinen Regeln der Preisbildung kommen da-her auch für sie zur Anwendung. Nach diesen Regeln muß der Preis d. h. das vereinbarte Austauschverhältniß von Waare und Geld zwischen zwei Grenzen liegen, die einerseits durch das Geld-Preis-Maximum des Käufers, andererseits durch Waaren-Preis-Maximum oder, wie man ge-wöhnlich sagt, das Geld-Preis-Minimum des Verkäufers gebildet werden.

Preismaximum und Preisminimum sind Gleichungen zwischen Waare und Geld, die sich aus der Gleichsetzung dieser beiden Tausch-güter nach Maßgabe ihres wirthschaftlichen Werths ergeben. Eine größere Menge von dem eignen Gute als diejenige, welche den gleichen Werth besitzt, für den Erwerb des fremden Gutes aufzuwenden, würde unwirth-schaftlich sein.

Um die hiernach zu ermittelnden Werthgleichungen festzustellen, haben Käufer und Verkäufer den wirthschaftlichen Werth einerseits der Waare und andererseits des Geldes gegen einander abzuwägen und gleiche Werthgrößen einander gleichzusetzen. Bei der Abschätzung des wirth-schaftlichen Werths ist natürlich von der Modalität der Verwerthung bezw. Beschaffung der geschätzten Güter durch den gerade behandelten Kauf und, wenn es sich um die Beurtheilung der Gesammtheit aller in der Gegenwart abgeschlossenen Kaufgeschäfte handelt, von der Modalität des Kaufes in der Gegenwart überhaupt abzusehen. Nur die ander-weitige Verwerthung bezw. die anderweitige Beschaffung kommt in Frage.

Betrachtet man nun die Gesammtheit aller Kaufgeschäfte, um die Preisschwankungen im Allgemeinen zu ermitteln, so ergiebt sich, daß der Preis einer Waare zwischen dem Preis-Maximum des „theuersten" Käufers und dem Preis-Minimum des „billigsten" Verkäufers liegen muß. Der „theuerste" Käufer kann unter allen Umständen nur derjenige sein, welcher den wirthschaftlichen Werth der Waare am höchsten und zugleich den wirthschaftlichen Werth des Geldes am niedrigsten schätzt; der „billigste" Verkäufer nur derjenige, welcher den wirthschaftlichen Werth des Geldes am höchsten und zugleich den wirthschaftlichen Werth der Waare am niedrigsten schätzt.

Der ausländische Wechsel (Wechsel auf das Ausland), der hier als Waare in Betracht kommt, ist eine Anweisung auf au ländisches und im Auslande zahlbares Geld, die der Verkäufer zu verkaufen sucht, weil er dieselbe in inländisches, im Inlande zahlbares Geld umsetzen möchte, und die der Käufer zu kaufen wünscht, weil er ausländischen und im Auslande zahlbaren Geldes bedarf, um dort eine Zahlung zu machen, zu deren Beschaffung er inländisches und im Inlande befindliches Geld nicht verwenden kann.

Der wirthschaftliche Werth eines ausländischen Wechsels für den Verkäufer bei anderweitiger Verwerthung desselben als durch gegenwärtigen Verkauf im Inlande wird bestimmt durch das Resultat dieser anderweitigen Verwerthung. Letztere kann erfolgen: entweder durch gegenwärtigen Verkauf des Wechsels im Auslande oder durch zukünftigen Verkauf desselben im Inlande oder Auslande oder endlich durch Einkassirung der Wechselsumme im Auslande und deren Verwendung. Die günstigste Art der Verwerthung ist natürlich maßgebend. Das Resultat dieser günstigsten Verwerthung derjenigen Summe inländischen Geldes gleichgesetzt, deren Aufwendung zur Beschaffung des gleichen Resultats erforderlich ist, ergiebt dann diejenige Werthgleichung, welche das Preisminimum des Verkäufers, auch des „billigsten" Verkäufers, und damit die untere Grenze der Wechselcoursschwankungen bildet.

Der wirthschaftliche Werth eines ausländischen Wechsels für den Käufer wird bestimmt durch den Betrag der Kosten, die derselbe bei anderweitiger Beschaffung eines ausländischen Wechsels bezw. bei anderweitiger Beschaffung seiner ausländischen Zahlung (d. h. bei einer Beschaffung auf anderem Wege als durch gegenwärtigen Ankauf des Wechsels im Inlande) aufwenden müßte.*) Diese anderweitige Beschaffung kann

---

* In letzter Linie, nämlich wenn der Wechsel ein „unersetzliches" Gut in dem oben Seite 20 21 dargelegten Sinne ist, entscheiden die Consequenzen der Unterlassung jener Zahlung überhaupt. Dieser Fall kommt jedoch nur etwa bei einem Concurse des Schätzenden in Betracht.

im Allgemeinen erfolgen entweder durch den zukünftigen Ankauf eines ausländischen Wechsels im Inlande oder durch die Verwendung bereits im Auslande befindlichen, ausländischen Geldes (Einziehung von Guthaben) oder endlich durch den Export inländischen Geldes oder anderer Güter und deren Umsetzung in ausländisches Geld. Maßgebend sind natürlich auch hier wieder, den Geboten des wirthschaftlichen Eigennutzes entsprechend, die geringsten Kosten (S. 21). Das Aequivalent dieser Kosten in inländischem im Inlande befindlichen Gelde bildet das Preismaximum des Käufers, auch des „theuersten" Käufers, und damit die obere Grenze der Wechselcoursschwankungen.

Es würde zu weit führen, die einzelnen Modalitäten der Verwerthung eines ausländischen Wechsels und der Beschaffung einer ausländischen Zahlung hier noch näher zu untersuchen, um dann die besten Modalitäten auszuwählen, zumal da hierzu noch der Punkt in Betracht gezogen werden müßte, daß der ausländische Wechsel regelmäßig eine noch nicht fällige Anweisung auf ausländisches Geld ist. Auch der billigste Verkäufer (der aber noch nach wirthschaftlichen Grundsätzen handelt) kann das Geldäquivalent eines ausländischen Wechsels im Allgemeinen nicht wohl niedriger schätzen als auf denjenigen Betrag inländischen Geldes, den er (und zwar im Inlande befindlich) dadurch erlangen würde, daß er seinen ausländischen Wechsel im Auslande einkassirte und entweder das erhaltene ausländische Geld selbst (als Waare) oder andere dort angekaufte Waaren nach dem Inlande importirte und hier (durch Verkauf oder Ausmünzung) in inländisches Geld umsetzte. Ebenso kann die Schätzung des theuersten Käufers im Allgemeinen nicht höher ausfallen als auf denjenigen Betrag inländischen Geldes, dessen Aufwendung erforderlich wäre, um die im Auslande zu bewirkende Zahlung dadurch zu beschaffen, daß er entweder inländisches Geld oder im Inlande angekaufte Waaren exportirte und diese im Auslande (durch Verkauf oder Ausmünzung) in ausländisches Geld umsetzte. Die bei dieser Schätzung in Betracht gezogenen Modalitäten der (anderweitigen) Verwerthung des eignen zum Zwecke der (anderweitigen) Beschaffung des begehrten Gutes sind ja unter allen Umständen, also auch für den billigsten Verkäufer und für den theuersten Käufer, ausführbar. Dabei ist allerdings vorausgesetzt, daß Verkäufer und Käufer in der Lage sind diejenige Frist abzuwarten, welche diese „Geldumwandlung" in Anspruch nimmt. Das trifft aber in der Regel auch zu. Für den Ausnahmefall, daß Gefahr im Verzuge liegt, können Maximum und Minimum bedeutend weiter erhöht bezw. herabgesetzt werden. Dieser Ausnahmefall kommt jedoch bei einer allgemeinen Erörterung wie hier nicht in Betracht.

Die Verwerthung eines ausländischen Wechsels mittels Einkassirung und Verwendung der Wechselsumme, sowie die Beschaffung einer ausländischen Zahlung mittels Exports inländischer Güter können nun, wie bereits angedeutet, auf verschiedenen Wegen erfolgen, je nachdem die Währungssysteme der beiden in Betracht kommenden Länder geartet sind. Besteht im Inlande und im Auslande die Papierwährung (oder eine geschlossene Metallwährung), so bietet sich nur die Möglichkeit, in dem einen Währungsgebiete Waaren anzukaufen, dieselben nach dem anderen zu importiren und dort gegen das begehrte Währungsgeld zu verkaufen. Besteht in beiden Ländern eine offene Goldwährung (oder eine offene Silberwährung), so ist es außerdem möglich, das Metallgeld des einen Landes selbst zu exportiren und dasselbe in dem anderen Lande unter Benutzung der herrschenden Prägungsfreiheit direct zu Geld ausmünzen zu lassen. Da das bequemer und vortheilhafter ist, so kommt in diesem Falle (aus wirthschaftlichen Gründen) natürlich nur dieser Weg in Betracht. Besteht in beiden Ländern eine offene Metallwährung, aber in dem einen eine Gold-, in dem anderen eine Silberwährung, so kann zwar auch der Weg der Ausmünzung beschritten werden; es muß aber vorher mit dem Metallgelde des einen das Geldmetall des anderen Landes angekauft werden. Besteht in dem einen Lande eine offene Metallwährung, in dem anderen eine geschlossene (Papier-) Währung, so wird die in dem ersteren herrschende Prägungsfreiheit, soweit möglich, benutzt werden, während im Uebrigen der Weg des An- und Verkaufs von Waaren eingeschlagen werden muß.

Die anderweitige Verwerthung eines ausländischen Wechsels und die anderweitige Beschaffung einer ausländischen Zahlung erfordern hiernach im Allgemeinen (kurz ausgedrückt) eine „Umwandlung" ausländischen Geldes in inländisches Geld bezw. inländischen Geldes in ausländisches Geld. Die Vornahme einer solchen Geldumwandlung (auf einem der hier bezeichneten Wege) verursacht Kosten (Transportkosten, Gebühren, Spesen, Zinsverlust ꝛc.), deren Aufwendung für den Verkäufer das Resultat der anderweitigen Verwerthung seines ausländischen Wechsels beeinträchtigt und für den Käufer die Kosten für die Beschaffung seiner ausländischen Zahlung erhöht. Wären diese Kosten nicht aufzuwenden, so müßten das Preisminimum des billigsten Verkäufers und das Preismaximum des theuersten Käufers gleich sein. Um den Betrag dieser „Geldumwandlungskosten" und zwar der beiderseitigen Geldumwandlungskosten fallen sie auseinander.

Es ergiebt sich also, daß die Grenzen der Coursschwankungen ausländischer Wechsel nicht weiter auseinanderliegen können als um den Betrag der Summe derjenigen Kosten, welche einerseits die „Umwandlung" des ausländischen, am Zahlungsorte des Wechsels geltenden Währungsgeldes in Inlandsgeld und andererseits die „Umwandlung" des Inlandsgeldes in jenes Auslandsgeld verursachen.

c. Die Coursschwankungen der auswärtigen Wechsel in Ländern mit offener Goldwährung.

Die Anwendung der hier entwickelten Grundsätze ergiebt ohne Weiteres, daß die Schwankungen der Wechselcourse zwischen Ländern mit offener Goldwährung (wo sie thatsächlich am geringsten sind) sich zwischen den sogenannten „Goldpunkten" bewegen müssen. Mit diesem Ausdrucke bezeichnet man den Stand der Course, wenn dieselben ebenso hoch sind, wie einerseits das Nettoergebniß einer Einkassirung des ausländischen Wechsels und Einfuhr und Ummünzung des ausländischen Goldgeldes (Coursminimum) und andererseits ebenso hoch wie derjenige Betrag inländischen Goldgeldes, welcher exportirt und umgemünzt werden müßte, um als Nettoergebniß den erforderlichen Betrag an ausländischem Goldgelde zu liefern (Coursmaximum). Dabei wird die Münzeinheit eines der beiden Länder oder das Zehnfache oder Hundertfache derselben als sogenannte „feste Valuta" zu Grunde gelegt und der Cours dieser Einheit in größeren oder geringeren Summen der anderen, sogenannten „veränderlichen Valuta", zum Ausdruck gebracht.

Die Entfernung dieser „Goldpunkte" von einander und damit auch die Entfernung der Grenzen für die Schwankungen der Wechselcourse ergeben sich (entsprechend unseren früheren Erörterungen) aus der Summe derjenigen Kosten, welche einerseits die Umwandlung des ausländischen Geldes in inländisches, die der Verkäufer bei Unterlassung des Verkaufs seines Wechsels vornehmen müßte, und welche andererseits die Umwandlung inländischen Geldes in ausländisches, die der Käufer bei Unterlassung des Ankaufs desselben vornehmen müßte, verursacht. Diese Kosten bestehen in Transportspesen, Versicherungskosten, Prägegebühr, Zinsverlust ꝛc. Nehmen wir an, daß dieselben bei der Umwandlung des einen Geldes in das andere gleich sind (was allerdings z. B. zwischen England und Deutschland nicht genau zutrifft), so ergiebt sich, daß die Goldpunkte als Grenzen für die Schwankungen der Wechselcourse zwischen Ländern mit offener Goldwährung nicht weiter von einander entfernt liegen können als um den doppelten Betrag dieser „Ummünzungskosten".

Thatsächlich wird nun eine wirkliche „Ummünzung" nur selten vorgenommen, weil es einen bequemeren Weg giebt, um zu demselben Ziele zu gelangen. In Ländern mit offener Währung pflegen nämlich die leitenden Notenbanken bezw. die Staatsbanken verpflichtet zu sein, das Geldmetall in Barren oder ausländischen Münzen ohne Beschränkung hinsichtlich der Menge zu einem gesetzlich fixirten, dem Münzfuße abzüglich der vom Staate erhobenen Prägegebühr entsprechenden Preise gegen ihre in inländischem Gelde einlösbaren Noten anzukaufen. In Folge dessen kann das ausländische Geld durch einfachen Verkauf an die inländischen

Notenbanken in inländisches Geld umgewandelt werden. Dieser Weg wird regelmäßig schon deshalb gewählt, weil dabei wenigstens der Zinsverlust, der durch die zeitraubende Umprägung entsteht, und, in Folge des Entgegenkommens der Banken, auch wohl noch ein Theil der sonstigen Kosten erspart bleiben.

------

d. Die Coursschwankungen der auswärtigen Wechsel in Ländern mit Papierwährung und deren Stabilisirung durch die Einrichtung einer „Goldreserve für den Auslandsverkehr".

Im Verkehr zwischen Ländern mit Papierwährung können natürlich die doppelten Ummünzungskosten als das Maß des Abstandes zwischen den Grenzen der Wechselcoursschwankungen nicht in Frage kommen. Hier ist die Summe der Kosten einerseits für die Verwerthung des ausländischen Wechsels auf dem Wege der Einkassirung und der Verwendung des ausländischen Geldes zum Ankauf von Waaren, deren Import und Verkauf gegen inländisches Geld, andererseits für die Beschaffung der ausländischen Zahlung auf dem Wege des Ankaufs von Waaren im Inlande, deren Export und Verkauf im Auslande maßgebend. Diese Kosten pflegen, wenigstens wenn es sich um größere Summen handelt, erheblich höher zu sein als die Ummünzungskosten in Goldwährungsländern, so daß die Grenzen der Schwankungen (bedeutend) weiter auseinandergerückt werden.

Daß der Betrag dieser Kosten größer ist, ergiebt sich nicht sowohl daraus, daß die Versendung von Waaren (anstatt Geld) zum Zwecke der Umwandlung ausländischen Geldes in inländisches Geld und umgekehrt regelmäßig größere Kosten verursacht; denn es könnten ja Effecten gewählt werden, die sogar mit noch geringeren Kosten zu versenden sind als Metallgeld. Auch der Umstand ist nicht von großer Bedeutung, daß die Spesen, welche Einkauf und Verkauf jener Waaren verursachen, hinzukommen. Der eigentliche Grund ist vielmehr darin zu suchen, daß Waaren jeder Art in größerer Menge binnen einer kurzen Frist nur zu steigenden Preisen angekauft und nur zu sinkenden Preisen verkauft werden können. Bei allen Waaren steigert eben die eintretende Vermehrung der Nachfrage den Einkaufspreis und drückt die Vermehrung des Angebots den Verkaufspreis herab, während die Menge bei dem Metallgelde gar keinen Einfluß ausübt, da sowohl die Ummünzung als auch der Verkauf

an die Staatsbanken ohne Rücksicht auf die Menge zu dem gleichen gesetzlichen Münzfuße erfolgt. Dieser Umstand kommt aber um so mehr
in Betracht als bei der Umwandlung des Papiergeldes eines Landes
in dasjenige eines anderen Landes zwei Kaufgeschäfte (Einkauf und
Verkauf der zum Zwecke dieser Umwandlung importirten bezw. exportirten
Waare) vorgenommen werden müssen, und weil die Einwirkung der
Menge in beiden Fällen eine verlustbringende ist.

Wäre die Waare, welche zum Zwecke der Verwerthung des ausländischen Wechsels bezw. zur Beschaffung der ausländischen Zahlung
importirt bezw. exportirt werden muß, im Inlande und im Auslande
ohne Rücksicht auf die Menge zu unveränderten Preisen anzukaufen und zu
verkaufen; wäre diese Waare eine solche, deren Versendung ebenso wenig
Kosten verursacht wie das Gold; könnten endlich auch die Einkaufs- und
die Verkaufsspesen entsprechend reduzirt werden, so würden die Grenzen
der Wechselcoursschwankungen auch in Papierwährungsländern nicht weiter
von einander entfernt liegen als die Goldpunkte in Goldwährungsländern.
Würde dann außerdem eine verschiedenartige Veränderung der Preise
jener Waaren in den beiden in Betracht kommenden Ländern, wie sie
im Laufe der Zeit eintreten könnte, gehindert; würde jene Waare also
auch nach Ablauf von Zeit noch in demselben Verhältnisse gegen Geld
eingetauscht und ausgetauscht werden können, wie das in Goldwährungsländern dadurch gesichert ist, daß das Geld selbst eine bestimmte und
gleichbleibende Gewichtsmenge Metall darstellt, so wäre auch eine zeitliche
Bewegung der Course (innerhalb jener Grenzen) ausgeschlossen. Damit
wäre dann ein ebenso günstiger Zustand erreicht, wie wir ihn in Goldwährungsländern finden, und die offene Goldwährung hätte vor der
Papierwährung nichts mehr voraus.

Dieses Ziel läßt sich nun aber erreichen. Dazu ist nichts weiter
nothwendig, als daß der Staat oder die staatliche Notenbank gesetzlich
verpflichtet wird, eine bestimmte Waare und zwar Gold, das Geldmetall
fast aller ausländischen Staaten mit offener Währung, in jeder beliebigen
Menge gegen Papiergeld oder Noten zu einem bestimmten Preise anzukaufen und zu verkaufen.

Durch eine solche Regelung würde lediglich derjenige Zustand
hergestellt werden, welcher in Goldwährungsländern jetzt schon zu Recht
oder doch thatsächlich besteht. Die Staatsbanken in Ländern mit offener
Goldwährung haben ja schon jetzt die Verpflichtung Gold in beliebiger
Menge zu einem dem Münzfuße entsprechenden Preise anzukaufen, und
an Stelle der hier vorgeschlagenen Verkaufsverpflichtung sind sie gezwungen
alle von ihnen ausgegebenen Noten, sobald sie präsentirt werden, zum
Nennwerthe in Gold einzulösen. Es ist also nichts Neues, was hier eingeführt werden soll; es handelt sich vielmehr lediglich um eine getreue

Nachahmung des in den Goldwährungsländern bereits bestehenden Zustandes.

Ist in einem Lande mit Papierwährung die Centralbank zum Ankaufe und Verkaufe von Gold zu gesetzlich bestimmtem Preise verpflichtet, so kann die Verwerthung eines ausländischen Wechsels und die Beschaffung einer ausländischen Zahlung auf demselben Wege geschehen wie in Ländern mit offener Goldwährung, nämlich auf dem Wege des Imports bezw. Exports von Gold, das im ersteren Falle an die Bank verkauft und im letzteren Falle von ihr entnommen wird. Die Bank würde dieselbe Vermittlerrolle übernehmen, welche ihr in Goldwährungsländern schon jetzt zufällt. Selbst in dieser Beziehung tritt keine Aenderung ein; denn die „Ummünzung" des Goldgeldes in Goldwährungsländern findet schon jetzt in derselben Weise statt. Hier wird ja das importirte Gold regelmäßig nicht ausgeprägt, sondern zum gesetzlichen Preise an die Banken verkauft, weil das bei den günstigen Ankaufsbedingungen der Banken vortheilhafter zu sein pflegt; ebenso wird das exportirte Gold nicht etwa der Circulation entnommen, sondern dem Goldschatze der Banken, weil die im Umlaufe befindlichen Münzen gewöhnlich, wenn auch noch das „Passirgewicht", so doch nicht mehr das volle, dem Münzfuße entsprechende Gewicht haben, während die Bank (wenigstens die deutsche Reichsbank) vollwerthige Münzen abgibt.

Die Folge muß es sein, daß in dem Lande mit Papierwährung für den Verkehr mit Ländern, welche die gleiche Währung oder eine offene Goldwährung besitzen, ebenfalls „Goldpunkte" sich bilden und daß die Schwankungen der Wechselcourse in der gleichen Weise beschränkt werden.

Zu einer solchen Stabilisirung der Course bedarf es keineswegs der Aufspeicherung gewaltiger Mengen Goldes als „Goldreserve". Die Erfahrung lehrt, daß die leitenden Banken der Goldwährungsländer schon jetzt ihre Verpflichtung, Gold zu bestehenden Preisen anzukaufen und zu verkaufen (bezw. zur Einlösung ihrer Noten herauszugeben), bei einer Ausstattung mit relativ unbedeutenden Goldvorräthen zu erfüllen vermögen. Der Goldvorrath der deutschen Reichsbank beläuft sich durchschnittlich nicht höher als auf 500 bis 650 Millionen Mark, und diese Menge hat sich — allerdings neben ca. 250 Millionen Mark Silberthaler, die jedoch niemals in Anspruch genommen sind — als ausreichend erwiesen, um bei einem internationalen Umsatz von 7 Milliarden im Waarenverkehr und bei einem sehr bedeutenden Effectenhandel, also bei einem Auslandsverkehr von wenigstens 10 Milliarden Mark, allen Ansprüchen zu genügen. Ja, es wäre vielleicht möglich gewesen diesen Fonds auf eine noch geringere Summe herabzusetzen; denn die Schwankungen des Bestandes haben selten den Betrag von 150 Millionen

Mark überstiegen. Wenn aber dieser verhältnißmäßig geringe Goldvorrath schon jetzt genügt, um den Bedarf zu decken, — wie viel mehr
erst dann, wenn der jetzt herrschende Kampf um das Gold aufhört.
Daß das geschieht, ist aber zu erwarten, sobald ein Staat wie Deutschland zur Papierwährung mit Goldreserve übergeht und die gesammte
Menge seines umlaufenden Goldes, also circa 1600 bis 1800 Millionen
Mark, dem Markte zur Verfügung stellt. Zweifellos muß es aber dann
geschehen, wenn das Gold in Folge allseitiger Einführung der Papierwährung seine Function als Circulationsmittel überhaupt verloren hat
und nur noch dazu dient die Wechselcourse zu stabilisiren.

Es bedarf nun noch der Erörterung, welche Vorschriften den
Banken hinsichtlich der Erfüllung ihrer gesetzlichen Verpflichtung zum
Ankauf und zum Verkauf von Gold zu machen, insbesondere wie hoch
die gesetzlichen Ankaufs- und Verkaufspreise für das Gold festzusetzen
sind. Diese Frage kann nur prinzipiell beantwortet werden; ihre practische
Lösung hängt von der Gestaltung der thatsächlichen Verhältnisse und
deren Einfluß auf den Marktpreis des Goldes ab.

Bei der Beantwortung dieser Frage ist zu berücksichtigen, daß die
gesetzliche Verpflichtung der Banken zum Ankaufe und Verkaufe des Goldes,
die ja an sich nur dazu bestimmt ist dem Waaren- und Effectenverkehr
mit dem Auslande zu dienen, von Speculanten dazu ausgebeutet werden
wird, einen Goldhandel lediglich zu dem Zwecke zu betreiben, um die
Differenzen zwischen dem gesetzlich festgestellten und dem aus Angebot
und Nachfrage im Allgemeinen sich ergebenden Marktpreise zu ihrem
Vortheil auszunutzen. Steigt der Marktpreis, so wird der Bank
lediglich für solche Speculationszwecke Gold entzogen; sinkt er, so kann sie
mit Gold geradezu überschwemmt werden. Diese bestimmungswidrige
und nicht ungefährliche spekulative Ausbeutung der gesetzlichen Ankaufs-
und Verkaufsverpflichtung der Bank, wie sie ja auch jetzt schon erfolgt,
muß natürlich so viel wie möglich gehindert werden. Ausgeschlossen wäre
sie offenbar dann, wenn gesetzlich bestimmt würde, daß die Ankaufs- und
Verkaufspreise der Bank dem jedesmaligen Marktpreise des Goldes entsprechen sollten. Das kann aber nicht geschehen. Zunächst wird nämlich
der Marktpreis selbst ganz erheblich durch den Bankpreis und durch die
Aufnahme- und Abgabefähigkeit der Bank zu diesem Preise beeinflußt.
Sodann würde aber auch die beständige Aenderung des Bankpreises
entsprechend den Schwankungen des Marktpreises die stabilisirende Wirkung
der ganzen Institution beeinträchtigen. Mit Rücksicht hierauf muß zunächst ein bestimmter Satz gewählt werden, der dem Marktpreise des
Goldes zur Zeit des Uebergangs zur Papierwährung — also dem derzeitigen Münzfuße — entspricht, und sodann muß in kurzen und später,
wenn die Verhälnisse sich consolidirt haben, in längeren Zwischen-

räumen eine Revision dieses Satzes eintreten. Prinzipiell anzustreben ist die Gleichheit des Banksatzes mit einem Marktpreise, wie er sich unter der Voraussetzung bildet, daß die Bank in Höhe eines den Bedürfnissen des Verkehrs anzupassenden Durchschnittsvorraths auf dem Markte als Käufer (zu jedem Preise) auftritt.

Um in der Zeit von einer gesetzlichen Feststellung bis zur anderen übermäßige Anhäufungen von Gold im Falle erheblichen Sinkens des Marktpreises und übermäßige Entnahmen von Gold bei steigendem Marktpreise zu verhindern, wäre der Bank die Befugniß zu ertheilen, sobald ihr Goldvorrath um einen gewissen, den durchschnittlichen Schwankungen entsprechenden Betrag (in Deutschland etwa 150 Millionen Mark) über den Normalbestand gestiegen oder darunter herabgesunken ist, eine Prämienpolitik, ähnlich derjenigen wie sie jetzt in Frankreich besteht, einzuleiten, d. h. eine größere oder geringere, in ihrem Betrage gesetzlich festgesetzte, abgestufte Prämie neben dem gesetzlichen Preise zu gewähren oder von demselben in Abzug zu bringen, je nachdem der Marktpreis eine steigende oder eine sinkende Tendenz zeigt. Tägliche Bekanntmachungen des prämienfreien Betrages bezw. der zu dem bisher erhobenen Prämiensatze noch verfügbaren Menge müßten nebenhergehen, um der Geschäftswelt die Vorausberechnung der künftigen Preise mit annähernder Sicherheit zu gestatten.

Die Prämienpolitik zur Regulirung des Abströmens und des Zuströmens von Gold in Anwendung zu bringen empfiehlt sich mehr, als die Discontpolitik zu diesem Zwecke zu benutzen, wie das jetzt in Deutschland und England geschieht. Zunächst ist nämlich die Discontpolitik nicht hinreichend wirksam; denn sie gewährt nur die Möglichkeit das Abströmen des Goldes einzuschränken und ein Zuströmen desselben zu bewirken, vermag aber nicht vor einer Ueberfluthung mit Gold bei sinkenden Goldpreisen zu schützen. Sodann führt sie ein zweischneidiges Schwert. Sie operirt mit Disconterhöhungen, und diese treffen auch den Inlandsverkehr, vertheuern der Production den Credit und rufen die Gefahr der Entstehung von Geldkrisen hervor, Uebelstände, deren Beseitigung ja gerade durch die Währungsänderung angestrebt wird. Die Prämienpolitik dagegen läßt, wie Erfahrungen Frankreichs beweisen, den Inlandsverkehr völlig unberührt und beseitigt auch für den Auslandsverkehr die Disconterhöhungen, an deren Stelle sie die Prämie einführt.

Der Einfluß dieser Prämie auf die Wechselcourse (deren Schwankungsgrenzen sie erweitert) ist kaum größer als die Affizierung derselben durch den Discont. Die Prämie braucht nämlich keineswegs hoch bemessen zu werden, um ausreichenden Schutz zu gewähren. In Frankreich hat sich bei kleineren Krisen schon eine Prämie von 4—5 pr. Mille wirksam erwiesen, und eine Prämie über 6 (und zwar 7—8) pr. Mille ist in dem zehnjährigen Zeitraum von 1881—1891 nur während 3 Monate erhoben worden.*) Auch diese geringe Prämie soll ja aber nach unserem Vorschlage erst dann erhoben bezw. gewährt werden, wenn der durchschnittliche Goldvorrath der Bank sich durch Abgaben oder Aufnahmen um mehr als den „prämienfreien“ Betrag von ca. 150 Millionen Mark vermindert oder vermehrt hat. Bis dahin bleiben die Verhältnisse ungeändert. Hierin liegt auch für den Auslandsverkehr eine bedeutende Verbesserung gegenüber dem jetzigen Zustande in Goldwährungsländern. Bei einer Goldwährung müssen die Notenbanken nämlich, wenn Gold abfließt, schon erheblich früher zu Disconterhöhungen schreiten, weil jeder größere Goldverlust wegen der unbeschränkten Einlösbarkeit der nur theilweise durch Metall gedeckten Noten ihre Zahlungsfähigkeit beeinträchtigt und sie mit Concurs bedroht. Die gleiche Gefahr ist bei einer Papierwährung mit Goldreserve nicht vorhanden, weil die Bank sich hier unter allen Umständen durch die Erhebung steigender Prämien vor der Erschöpfung ihres Goldvorraths schützen kann. Deshalb ist auch die Festsetzung eines prämienfreien Betrages hier unbedenklich.

Um den Zweck einer Stabilisirung der Wechselcourse zu erreichen, würde es nun genügen, die gesetzliche Verpflichtung der Centralbank zur Abgabe von Gold auf die Fälle der Ausfuhr zu beschränken und etwaige Entnahmen für den Inlandsverkehr abzuweisen. Eine solche Unterscheidung dürfte jedoch kaum durchführbar sein oder wäre doch nicht durchzuführen, ohne berechtigte Interessen zu verletzen und lästige Controlen erforderlich zu machen. Sie erscheint aber auch unnöthig. Das Inland wird nämlich, wenn das Gold seine gesetzliche Zahlkraft verliert und dementsprechend nicht mehr in Münzen, sondern nur noch in kleinen Barren zur Abgabe gelangt, keine größeren Ansprüche erheben als diejenigen, welche genügen, um den relativ geringen Bedarf der Industrie**) zu decken.

Unrichtig wäre es zu meinen, daß das Inland die gesetzliche Kaufkraft des Papiergeldes gegenüber dem Golde dazu benutzen würde, um Gold in größeren Mengen für sich einzutauschen. Das ergiebt eine kurze Ueberlegung. Das Gold als Metall ist für den Erwerber zu eigner Verwendung nicht geeignet. Gesetzliche Zahlkraft besitzt es nicht. Umlaufsfähig ist es in der Barrenform, also in Stücken von einem Pfunde oder einem Kilogramm und im Werthe von 1392 bezw. 2784 ℳ. gewiß nicht. Die Industrie versorgt sich selbst. Es könnte also nur als

---

* Landesberger: Währungssystem und Relation. S. 106 ff. und Tabellen.
**) Dieser Bedarf ist oben S. 29,30 für Deutschland auf 28 Millionen Mark pr. Jahr geschätzt worden.

Schatz aufbewahrt werde und würde dann Zinsen kosten, oder es könnte exportirt werden.

In Betreff der Möglichkeit des Exports ist nun zunächst zu berücksichtigen, daß der Export Kosten verursacht, die bei der directen Verwerthung des Papiergeldes im Inlande erspart bleiben. Es sind das Kosten, die einerseits aus dem Transport des Goldes in das Ausland und aus der Besorgung von dessen dortiger Umsetzung in Geld und demnächst in andere Güter erwachsen, und die andererseits daraus entstehen, daß die im Auslande eingetauschten Güter nach dem Inlande zurückgebracht werden müssen, um überhaupt nutzbar gemacht zu werden. Schon um dieser Kosten willen müßte die Verwerthung des Goldes im Auslande zu günstigeren Bedingungen erfolgen können als im Inlande; sonst würde die ganze Transaction nicht nur keinen Vortheil, sondern directen Verlust ergeben. Da nun die Waarenpreise im Inlande und Auslande durch internationale Concurrenz geregelt werden und deshalb (abgesehen von den Unterschieden, die auf Transportkosten-Differenzen beruhen, überall gleich sind; da also ein billigerer Ankauf von Waaren im Auslande ausgeschlossen erscheint, so könnte eine Verwerthung des Goldes zu günstigeren Bedingungen daselbst nur dann erfolgen, wenn die ausländischen Banken höhere Geldpreise für das Gold bezahlten als die einheimische Centralbank. Der Preis, den die ausländischen Banken bezahlen, kommt aber im Allgemeinen dem Marktpreise gleich, und der Marktpreis ist ja auch für die einheimische Centralbank maßgebend. Das gilt wenigstens, sobald der prämienfreie Betrag überschritten ist. Auf diesen prämienfreien Betrag könnten sich die Entnahmen des Inlandes allerdings erstrecken. Das könnte aber nur bei steigenden Goldpreisen im Auslande geschehen, und in solchem Falle würde dieser Betrag ohnehin durch die Speculation absorbirt werden. Nun ist aber ferner zu beachten, daß kein Inländer den unbequemen Weg der Deckung seiner Bedürfnisse im Auslande wählen wird, wenn ihn nicht die Erlangung eines besonderen Vortheils für die damit verbundene Mühe und Gefahr entschädigt. So groß wird aber die Differenz der Goldpreise im Inlande und Auslande nur selten und nur vorübergehend sein, daß neben der Deckung der Kosten des Goldexports und des Waarenimports noch ein nennenswerther Gewinn zu erzielen wäre. Endlich kommt in Betracht, daß der Inländer des Papiergeldes bedarf, um im Inlande Zahlungen zu leisten und um alle diejenigen Tauschgeschäfte vorzunehmen, die er im Auslande nicht ausführen kann*). Das ist ein weiterer Grund, um ihn von dem Umtausche des Papiergeldes gegen Gold und dessen Export zurückzuhalten.

---

*) Solche Tauschgeschäfte sind z. B. der Ankauf leicht verderblicher Waaren oder inländischer Specialitäten, Wohnungsmiethe, Beschaffungen von Dienstleistungen aller Art insbesondere Transporte ꝛc.

Im Allgemeinen ist also eine stärkere Entnahme von Gold für das Inland nicht zu erwarten. Es giebt aber besondere Gründe, welche die Veranlassung dazu geben können.

Ein solcher Grund liegt zunächst in dem Mißtrauen gegenüber dem Papiergelde überhaupt. Wie unberechtigt ein solches Mißtrauen (in den modernen Staaten) ist, haben wir schon früher dargelegt. Trotzdem wird sich dasselbe bei dem Uebergange von einer Metallwährung zu einer Papierwährung zunächst immer geltend machen. Bei einer Papierwährung mit Goldreserve wird das aber nur in geringerem Maße geschehen, weil das Papiergeld jederzeit gegen Gold ausgetauscht werden kann. Immerhin muß mit diesem Mißtrauen gerechnet werden. Dasselbe kann sich jedoch nicht wohl anders als in der Richtung wirksam erweisen, daß alle Creditgeschäfte in Gold abgeschlossen werden. Dann würde zur Zeit der Fälligkeit der hieraus resultirenden Verpflichtungen und zum Zwecke ihrer Erfüllung bei der Bank Gold begehrt werden. Sollte das aber auch geschehen, so könnte doch irgend ein Schaden daraus nicht erwachsen; denn das von den Schuldnern entnommene Gold würde von den Gläubigern sofort wieder an die Bank zurückgebracht werden, weil diese das Gold für den Inlandsverkehr nicht gebrauchen und aus einer Veräußerung desselben nach dem Auslande, wie wir gesehen haben, keinen Vortheil ziehen können. Mit Rücksicht hierauf müßte aber die Stipulation von Goldzahlungen in Kürze überhaupt aufhören.

Abgesehen von diesem Falle sind nur in Krisenzeiten, wenn die Furcht jedermann blind macht und der Fähigkeit zu ruhiger Ueberlegung beraubt, dann aber auch nach der Uebergangszeit stärkere Goldentnahmen für das Inland zu erwarten. In solchen Zeiten könnte aber gerade die Verweigerung der Goldabgabe nur zur Verschlimmerung des Uebels beitragen. Außerdem sind Krisen bei einer Papierwährung eine seltene Erscheinung. Die Hauptursache für die Entstehung solcher Krisen, wie sie jetzt in Goldwährungsländern häufiger vorkommen, ist Geldknappheit, und diese kann in Ländern mit Papierwährung nicht wohl eintreten. Bei einer Goldwährung entsteht sie leicht dadurch, daß zu viel Gold ausgeführt wird. Hier verringert sich ja in Folge der Goldausfuhr der Geldumlauf. Das geschieht in doppelter Weise. Zunächst geht mit dem Golde selbst Geld in das Ausland. Sodann sehen sich aber auch die Notenbanken mit Rücksicht auf die Einlösbarkeit ihrer Noten veranlaßt den Discont hoch hinauf zu setzen und dadurch die Entnahme von Noten zu erschweren, wenn nicht gar unmöglich zu machen, um sich nicht der Gefahr auszusetzen, bei dem zu erwartenden stärkeren Rückströmen ihrer Noten die Einlösung derselben wegen Erschöpfung ihres Metallvorraths einstellen zu müssen und in Concurs zu gerathen. In Folge dessen versteift sich der Geldmarkt; die Depositenbanken, welche einen Ansturm ihrer Kunden befürchten müssen, halten das Geld an; beide Umstände veranlassen wiederum jeden einzelnen, der in nächster Zeit Schulden zu bezahlen hat, sich mit Geldmitteln zu versehen. Das führt zu einer Kündigung der Credite. Der Bedarf an Geld wächst, während die verfügbare Menge abgenommen hat und weiter abnimmt. Die so entstehende Geldknappheit entwickelt sich dann, zumal da alle den Kopf verlieren, zu einer Krise. Bei einer Papierwährung, und zwar auch bei einer Papierwährung mit Goldreserve, hat die Goldaus- fuhr eine solche Wirkung nicht. Finden hier größere Goldex- porte statt, so wird dadurch der Geldmarkt in keiner Weise be- einflußt. Denn mit dem Golde geht hier kein Geld in das Ausland und die Bank braucht der Goldexporte wegen ihre Notenausgabe nicht zu beschränken, weil sie ein anormales Einlösungsbegehren nicht zu be- fürchten hat und eintretenden Falles in der Lage ist durch eine pro- hibitive Steigerung der erhobenen Prämien jeden Ansturm abzuschlagen.

Die unbeschränkte Abgabe von Gold, auch für die Zwecke des Inlandsverkehrs, erscheint hiernach unbedenklich. Thatsächlich wird der Goldvorrath der Centralbank, von Krisenzeiten abgesehen, trotzdem immer nur eine „Goldreserve für den Auslandsverkehr" bleiben. Sollte aber die Praxis ergeben, daß es zweckmäßiger ist, die Function der Goldreserve auch rechtlich auf den Auslandsverkehr zu beschränken, so kann das ja zu jeder Zeit ohne Weiteres geschehen.

e. Historischer Beweis für die Wirksamkeit der Einrichtung einer „Goldreserve für den Auslandsverkehr".

Suchen wir nun noch nach einem historischen Beweise für die Wirksamkeit unserer „Goldreserve für den Auslandsverkehr", so wird wahrscheinlich auch dieser zu finden sein. Nach dem Berichte des Herschell-Comitees, betreffend die indische Währungsreform*), Nr. 88 und 89 hat es nämlich den Anschein, als ob in Holland diejenigen Ver- hältnisse thatsächlich existiren, deren Einführung auf gesetzlicher Basis wir hier vorschlagen.**) Jener Bericht lautet an den in Betracht kommenden Stellen (in der deutschen Uebersetzung) wie folgt:

---

*) Uebersetzt von Ofterfetzer. Wien 1893.
**) Ob das wirklich der Fall ist, hat der Verfasser bisher noch nicht feststellen können.

„Silbergulden*), zu ihrem nominalen Werthe in Gold sind gesetzliches Zahlmittel in jedem Betrage, und sie bilden zusammen mit Papiergulden, welche sich ebenso auf dem Goldwerthe erhalten, die innere Circulation im Lande. Weder Silber noch Papier ist gegen Gold einlösbar, aber die Niederländische Bank war immer bereit Gold für die Ausfuhr herzugeben. ... Die Bank giebt anstandslos Gold für den Export ab und der Wechselcours hält sich stetig von 12,1 bis 12,3 Gulden pro Pfd. Strl. Weder in Holland noch in den Colonien hat sich eine Schwierigkeit ergeben; ....

Der Vorrath der Umlaufsmittel ist, wie folgt:

in Holland

Gold ungefähr 5,2 Millionen Pfd. Strl.
Silber „ 11,0 „ „ „
Noten „ 16,0 „ „ „

Dies ist ein Beispiel für eine Goldwährung mit wenig oder gar keinem Gold im Umlaufe."

Der hier geschilderte Zustand in Holland unterscheidet sich von einer Papierwährung mit Goldreserve für den Auslandsverkehr, wie es scheint, lediglich dadurch, daß die gesetzliche Basis fehlt und daß die Bank Gold nur zur Ausfuhr abgiebt. Die Beschränkung der Goldabgabe auf die Fälle der Ausfuhr erscheint unnöthig, sobald das Gold nicht zu Münzen ausgeprägt wird, die gesetzliche Zahlkraft besitzen, weil die Entnahmen für den Inlandsverkehr in diesem Falle, wie gezeigt, keinen großen Umfang annehmen. Der Wegfall dieser Beschränkung bei unserem Systeme kann vielleicht etwas mehr Gold kosten, nicht aber die Stabilisirung der Course beeinträchtigen. Die Feststellung einer Verpflichtung der Bank zur Abgabe und zum Ankauf von Gold unter gesetzlicher Fixirung des Preises kann der Stabilisirung der Course natürlich nur förderlich sein. Deshalb muß den günstigen Erfahrungen in Holland volle Beweiskraft für die Richtigkeit unseres Vorschlages zugebilligt werden. Der Umstand, daß Holland nur ein kleines Land ist, dessen Geldcirculation nur etwa den sechsten Theil derjenigen eines Großstaates wie Deutschland ausmacht, und dessen Auslandsverkehr vielleicht um ebenso viel hinter dem deutschen zurücksteht, kann die Beweiskraft dieser Erfahrungen nicht abschwächen.

*) Die Silbergulden sind zu einer Relation von 15³/₅ : 1 ausgeprägt worden. Sie sind daher bei dem jetzigen Silbercourse (27¹/₂ d) um ca. 50% unterwerthig.

C. Widerlegung einiger besonderer Bedenken.

1. Die Gefahr einer Erschütterung des Staatscredits.

Man erhebt gegen die Einführung der Papierwährung das Bedenken, daß dieselbe den Staatscredit erschüttern müsse. Dabei pflegt man auf die historischen Thatsachen hinzuweisen, daß Staaten mit Papierwährung im Allgemeinen einen geringeren Credit besitzen als Staaten mit offener Goldwährung, und daß der Uebergang derselben zur Papierwährung regelmäßig mit einem Darniederliegen ihres Credits zusammengetroffen ist. Diese Thatsachen besitzen aber keine Beweiskraft. Bei ihrer Anführung wird der Fehler begangen, daß der Papierwährung zur Last gelegt wird, was in einer bedrängten Finanzlage, die vielleicht sogar die Veranlassung zur Annahme der Papierwährung war, oder in Kriegsunruhen oder in der Erschütterung der politischen Rechtssicherheit seinen Grund hatte; oder es wird übersehen, daß der Credit erst in's Wanken gerathen ist in Folge einer durch den Mißbrauch der Notenpresse herbeigeführten Entwerthung des Papiergeldes, die auch dem künftigen Staatsgläubiger eine Schmälerung seiner Rechte in Aussicht stellte. Ein Beispiel dafür, wie die Einführung einer Papierwährung, die aus prinzipiellen Gründen erfolgt, auf den Staatscredit einwirkt, vermag die Geschichte nicht aufzuweisen. Nun beruht aber der Credit eines Staates auf dem Zutrauen zu seinem guten Willen und zu seiner Fähigkeit, die Verpflichtungen, welche er beim Abschluß seiner Creditgeschäfte eingeht, zu erfüllen, und diese beiden Stützen des Credits werden durch den Uebergang zur Papierwährung in keiner Weise angetastet. Der Staat erleidet dadurch ja keinen Verlust und beraubt sich nicht etwa der Fähigkeit seine Zinsen in Geld und — wenn das vorgezogen wird — in Gold zu bezahlen. Am allerwenigsten kann hiervon dann die Rede sein, wenn er eine Goldreserve, wie hier vorgeschlagen, behält und seinem Papiergelde durch Gesetz eine bestimmte Kaufkraft gegenüber dem Golde beilegt. Im Gegentheil, die Papierwährung wird ja gewählt, um den nachtheiligen

Folgen der früheren Metall-Währung zu entgehen, und soll — so ist wenigstens die Ueberzeugung — zum Wohle des Ganzen, zur Förderung der Production und damit zur Stärkung der Steuerkraft des Volkes dienen.

Aber freilich, der Credit ist Meinungssache, und eine Meinung kann auch auf irrthümlichen Annahmen beruhen, solange diese durch die Thatsachen nicht widerlegt sind. Deshalb ist es allerdings nicht aus-geschlossen, daß der Credit eines Staates, der zur Papierwährung über-geht, in dem Augenblicke des Uebergangs in's Schwanken geräth, auch dann, wenn die thatsächlichen Verhältnisse das in keiner Weise recht-fertigen. Eine solche (vorübergehende) Erschütterung des Credits wäre jedoch, wenigstens für ein kapitalkräftiges Land wie Deutschland, fast ohne jeden Belang. Freilich würde sich dann das Ausland der deutschen Werthpapiere, die es besitzt, zu entledigen suchen. Die gleiche Erscheinung ist ja im Jahre 1893 hinsichtlich der Obligationen und Actien aus den Vereinigten Staaten von Nord-Amerika eingetreten, als das Vertrauen darauf erschüttert wurde, daß die Zinsen und Dividenden derselben in Gold bezahlt werden würden. Die deutschen Papiere würden dann vermuth-lich ebenfalls nach Deutschland zurückströmen (weil sie hier das (relativ) größte Vertrauen finden), und ihr Mehrangebot in Deutschland würde dann auch hier den Cours herabdrücken. Darin läge aber ein Nachtheil nur für diejenigen, welche gezwungen wären ihren Besitz gerade zu dieser Zeit zu veräußern. Im übrigen würde sich aber das erwünschte Resultat ergeben, daß Deutschland einen Theil seiner exotischen Papiere abstieße und an ihrer Stelle die sichereren einheimischen Papiere zu niedrigen Coursen mit Gewinn hereinnähme. Daß Deutschland nicht reich genug wäre, um diese Papiere aufzunehmen, wird niemand behaupten wollen, und daß eine Geldkrise entstehen könnte, wenn dieselben mit Geld bezahlt werden müßten und nicht nur (gegen exotische Papiere) ausgetauscht wür-den, ist deshalb nicht zu befürchten, weil das einheimische Papiergeld im Auslande keine Geltung besitzt und deshalb nicht ausgeführt werden kann. Sollte aber der Staatscredit im Auslande wider Erwarten für längere Zeit erschüttert werden, so würde auch daraus, wenigstens für Deutschland, kein großer Schaden entstehen; denn Deutschland braucht den Credit des Auslandes nicht in Anspruch zu nehmen, weil es seine Anleihen im eignen Lande unterbringen kann. Würde es hierzu gezwungen, so wäre das nicht ein Nachtheil, sondern ein Vortheil, selbst für den Fall, daß es der geringeren Nachfrage wegen etwas höhere Zinsen bezahlen müßte. Schon die Verringerung der Gefahr kriegerischer Verwicklungen in Folge finanzieller Streitigkeiten mit fremden Staaten, deren Anleihe-papiere sich in deutschen Händen befinden, wäre ein solches Opfer aus der Staatscasse werth.

2. Die Gefahr der Fälschungen.

Ein zweites Bedenken betrifft die Gefahr der Fälschungen. Fälschungen können in doppelter Beziehung Nachtheil bringen:

1. direct dem einzelnen Empfänger eines Falsifikates: weil derselbe einen Totalverlust erleidet, sofern er, wie gewöhnlich, den Geber nicht mehr auffinden oder ihn wegen mangelnden Beweises nicht zur Rücknahme zwingen kann;

2. indirect der Gesammtheit: weil durch die Falsifikate der Geldumlauf vermehrt wird, und dadurch die Werthconstanz des Geldes bedroht werden könnte.

Daß Fälschungen vorkommen, ist nun freilich nicht ausgeschlossen, und die Gefahr, daß sie vorgenommen werden, mag vielleicht auch bei einer Papierwährung größer sein als bei einer (reinen) Metallwährung, weil der Gewinn der Fälscher ein größerer ist. Aber zunächst ist zu beachten, daß nachgemachtes Papiergeld leichter als falsch zu erkennen ist, als falsche Münzen.*) Ferner giebt es Mittel, um die falsche Anfertigung zu erschweren (z. B. der Gebrauch monopolisirten Papiers wie in Deutschland), und Controlen, um Falsifikate zu entdecken [Nummerirung der einzelnen Stücke, Unterlassung der Wiederausgabe aller in die Staatskasse zurückströmenden Abschnitte (Praxis der Bank von England) ꝛc.]. Endlich sind umfangreiche Fälschungen schon deshalb nicht zu befürchten, weil die Fälscher ihr lichtscheues Thun regelmäßig nicht lange fortsetzen können, ohne wenigstens bei dem Absatze ihrer Falsifikate entdeckt zu werden. Immerhin muß mit dem Vorkommen von Fälschungen gerechnet werden. Dieser Uebelstand ist indessen bei einer Metallwährung in ihrer modernen Gestalt in dem gleichen Maße vorhanden; denn in allen Staaten mit Metallwährung besteht heute etwa ein Drittel des umlaufenden Geldes aus Papier, wenn man lediglich die Banknoten und Staatsnoten (Reichskassenscheine) in Betracht zieht, und der gesammte Papierumlauf ist noch bedeutend größer, weil Wechsel und Checks, die im Großverkehr gegeben und genommen werden, noch hinzukommen. Bei der Einführung einer Papierwährung wird diese Gefahr kaum vergrößert. Eine Vergrößerung würde nur dann eintreten, wenn etwa die Gefahr der Entdeckung vermindert würde. Das ist aber nicht der Fall. Sollte das unter Hinweis darauf behauptet werden, daß das regelmäßige Rückströmen der Banknoten, welche der Bank eine scharfe Controle ermöglicht, den Staatsnoten fehle, so wäre darauf zu erwidern, daß die Staatsnoten heutzutage in ähnlicher Weise zu den Kassen des Staates zurückströmen. Sie strömen nämlich zurück bei der Bezahlung von Steuern

---

*) Vergl. Lexis in Conrads Jahrbüchern. III. Folge. 6. Band (1893) S. 21.

an den Staat und an die Gemeinden, bei der Bezahlung von Brief-
porto, von Gebühren aller Art, von Fracht für die Beförderung von
Personen und Gütern auf den Staatseisenbahnen ꝛc. Bedenken wir nun,
daß der gesammte Geldumlauf in Deutschland (Kriegsschatz und Bank-
reserven nicht eingerechnet) nicht mehr als ca. 3632 Millionen Mark
beträgt, von denen ca. 1000 Millionen Mark in anderweitig con-
trolirten Banknoten bestehen, und daß allein die Einnahmen des Reichs
und der Einzelstaaten (abzüglich der Matricularbeiträge für das Reich),
zu denen die Einnahmen der Gemeinden, Kreise, Provinzen noch hinzukommen, etwa 3500 Millionen Mark ausmachen, so ergiebt sich, daß hier
Gelegenheit genug geboten ist, um Controle zu üben.

Was nun die Folgen einer Verwirklichung der Fälschungsgefahr
anlangt, so könnte der einzelne vor unverschuldetem Schaden bewahrt
werden, wenn der Staat sich dazu herbeiließe, alle Falsifikate, welche
bei Aufwendung der gewöhnlichen Sorgfalt als solche nicht erkennbar
sind, gegen echte Stücke umzutauschen. Die Durchführung einer solchen
Maßregel dürfte dem Staate übermäßige Opfer nicht auferlegen, während
sie die Sicherheit des Verkehrs bedeutend erhöhen würde und deshalb im
allgemeinen Interesse gelegen wäre. Daß in Folge dessen die Fälschungen
zunehmen könnten, dürfte nicht zu befürchten sein; denn die Rücksicht auf
das Interesse der Nebenmenschen pflegt die Fälscher von ihrem Thun
nicht zurückzuhalten: die Schadloshaltung derselben wird sie also auch
nicht darin bestärken. Vielleicht würde sich aber die erwünschte Wirkung
ergeben, daß die Fälscher leichter entdeckt würden; denn es fällt dann
das Interesse des Empfängers eines Falsifikats daran fort, . dasselbe,
wenn es als falsch erkannt ist, zu verheimlichen und es (obwohl das
strafbar ist) weiterzugeben. Eine Erschütterung der Werthconstanz des Geldes in Folge übermäßiger Vermehrung seiner Menge durch Falsifikate erscheint überhaupt
ausgeschlossen. Um eine derartige Wirkung hervorzubringen, müßten
schon Falsifikate im Betrage von hundert und mehr Millionen Mark in
den Umlauf gebracht werden, was practisch unmöglich ist. Sollte das aber
wider Erwarten geschehen, so würde die Folge doch lediglich die sein, daß das
Discontogeschäft der Notenbanken zurückginge. Es würde dann nämlich
das Kapitalangebot auf offenem Markte derartig zunehmen, daß die An-
leihegesuche aller Geldbedürftigen hier zu einem billigeren Zinssatze ge-
deckt werden könnten, als ihn die Banken nach der von uns vorgeschlagenen gesetzlichen Vorschrift*) gewähren dürfen, oder als sie bei Fest-
haltung der bisherigen Praxis thatsächlich gewähren. Die Banken
würden also um so viel weniger Noten ausgeben, als Falsifikate von

---

*) Vergl. S. 46.

Papiergeld in den Verkehr gelangen, und das Resultat würde hinsichtlich der Werthconstanz des Geldes das gleiche sein.

3. Bedenken für den Kriegsfall.

Etwas ernster sind diejenigen Bedenken, welche mit Rücksicht auf den Kriegsfall erhoben werden.

In dieser Beziehung wird zunächst befürchtet, daß das Papiergeld im Falle einer Eroberung oder eines sonstigen durch den Krieg herbei- geführten Regierungswechsels der Grundlage seines Werthes, der gesetzlichen Zahlkraft, beraubt oder unter Nichtachtung des Princips der Werth- erhaltung des Geldes in übergroßer Menge ausgegeben und dadurch entwerthet werden könnte. Diese Gefahr ist aber, wie schon früher erörtert, nicht größer als die im allgemeinen für ausgeschlossen erachtete Gefahr der Antastung einer offenen Gold-Währung. Diejenige Regierung, welche im Stande wäre, mit klarem Bewußtsein eine Entwerthung des Papiergeldes in einem Staate mit Papierwährung herbeizuführen, könnte auch bei offener Goldwährung z. B. die Zahlkraft des umlaufenden Geldes auf das Doppelte erhöhen, um die Staatsschulden billiger zurückzuzahlen, wodurch zwar nicht die Geldbesitzer, aber die viel größere Zahl der Geldgläubiger an ihrem Vermögen geschädigt werden würden; oder sie könnte das Gold einziehen und an dessen Stelle Pa- piergeld in übermäßiger Menge und mit der Consequenz der Entwerthung des Geldes ausgeben. Solche Vorkommnisse mögen in einer früheren Zeit möglich gewesen sein: heutzutage sind sie — wenigstens in Europa — ausgeschlossen.

Als ein Nachtheil der Papierwährung gegenüber der Goldwährung wird es ferner angesehen, daß sich dem Besitzer von Papiergeld im Kriegsfalle nicht die Möglichkeit bietet, sein Geld im neutralen Auslande zinsbar anzulegen, wie das bei dem Metallgelde der Fall ist. Dieser Nachtheil trifft indessen nur diejenigen, welche beim Ausbruch des Krieges überhaupt Geld oder doch mehr Geld besitzen oder sich ver- schaffen können, als sie zur Bestreitung ihres Lebensunterhalts in nächster Zeit gebrauchen. Das sind jedoch — abgesehen von den Banken — nur ganz wenige Personen; denn die große Mehrzahl auch unter den Ka- pitalisten besitzt kein Geld, sondern andere Vermögensstücke, insbesondere Werthpapiere. Aber auch der Nachtheil dieser wenigen Personen besteht nur darin, daß sie in der freien Entscheidung über die Anlage ihres

Geldes im Inlande oder Auslande behindert sind, und er trifft sie nur dann, wenn es für sie unmöglich oder unvortheilhaft ist, ihren Zweck dadurch zu erreichen, daß sie ausländische Wechsel kaufen oder Werthpapiere anschaffen. Diesem unbedeutenden Nachtheile einiger wenigen Kapitalisten steht aber der nicht zu unterschätzende Vortheil gegenüber, daß die Gefahr der Entstehung einer Geld- und Crediterise wegfällt, welche in Metallwährungsländern gerade wegen der Exportfähigkeit des Metallgeldes leicht entstehen kann, wenn jeder baares Geld für Exportzwecke anzuschaffen sucht und deshalb ein ›run‹ auf die Banken unternommen wird.

Endlich wird hervorgehoben, daß der Staat mit der Einführung einer Papierwährung seine Kriegsreserve aus Händen gebe. Und zwar aus einem doppelten Grunde. Man sagt nämlich, ein Staat mit Metallwährung besitze in der Möglichkeit der Ausgabe von Papiergeld das beste Mittel, um sich das nöthige Geld zum Kriege billig zu verschaffen, während ein Staat mit Papierwährung eine Vermehrung des Papiergeldes zu dem gleichen Zwecke nicht eintreten lassen dürfe*); und man führt ferner an, daß der Staat mit Metallwährung insofern günstiger gestellt sei, als er mit dem umlaufenden Metallgelde Zahlungen im Auslande machen könne, während das Papiergeld dazu nicht verwendbar sei, weil es im Auslande keine Geltung besitze.

Was nun den ersten Punkt anlangt, so ist es ja bekannt, daß die Emission von Papiergeld nur zu häufig als Mittel angewendet worden ist, um Geld zum Kriege zu beschaffen, und es ist ferner richtig, daß ein Staat, welcher zur Papierwährung übergeht, für sich die Möglichkeit ausschließt dieses Mittel in solchem Falle zur Anwendung zu bringen, vorausgesetzt, daß er sich seiner Verpflichtung bewußt ist, die Werthconstanz des Geldes durch Vermeidung einer übermäßigen Notenausgabe aufrecht zu erhalten. Indessen, die Emission von Papiergeld im Kriegsfalle ist zunächst keineswegs ohne Bedenken, weil die begleitenden Umstände nicht geeignet sind, den Nehmern das volle Vertrauen auf die Wertherhaltung desselben einzuflößen. Es kommt aber hinzu, daß die Mittel zum Kriege, soweit die aufgespeicherten Kriegsvorräthe nicht ausreichen, auch auf dem

---

*) Die Ausgabe von Papiergeld in einem Staate mit Metallwährung ohne Einziehung der entsprechenden Summen Metallgeldes, wie sie im Kriegsfalle erfolgt, unterliegt mit Rücksicht auf die Gefahr einer Entwerthung des Geldes wegen übermäßiger Vermehrung seiner Menge bis zu einem gewissen Grade keinen großen Bedenken. Es verschwindet nämlich im Kriegsfalle an sich schon viel Metallgeld, welches im Auslande in Sicherheit gebracht oder im Inlande thesaurirt wird, aus dem Umlaufe. Außerdem aber muß das Metallgeld mit Nothwendigkeit nach dem Auslande abfließen, sobald eine Verminderung seines Geldwerths eintritt und es selbst „überwerthig" wird. Durch diesen Abfluß wird dann die Vermehrung der Geldmenge durch die Ausgabe von Papiergeld wieder ausgeglichen.

Anleihewege beschafft werden können, ohne dem Staate übermäßige Opfer aufzuerlegen, wie das Beispiel Preußens und Deutschlands in den Jahren 1866 und 1870 beweist. Ist das aber der Fall, so wäre es zweifellos unrichtig von der Einführung der an sich wünschenswerthen und vortheilhaften Papierwährung abzustehen, um dem Staate für den Ausnahmefall des Krieges die Möglichkeit zu sichern, auf die Emission von Papiergeld zum Zwecke der Geldbeschaffung als letzte Reserve zurückzugreifen. Außerdem ist es viel dienlicher eine Kriegsreserve effectiv bereit zu halten. Ein Kriegsschatz von hinreichender Höhe in Metall oder guten Werthpapieren ist deshalb bei Weitem vorzuziehen, und ein solcher könnte ja aus dem ersparten Metalle bei dem Uebergange zur Papierwährung leicht und kostenlos gebildet werden.[*])

Ebenso wenig kann aber die Nothwendigkeit einer Fürsorge für das Vorhandensein von „internationalen Zahlungsmitteln" im Kriegsfalle von der Einführung der Papierwährung abhalten. Internationale Zahlungsmittel für den Kriegsfall müssen allerdings vorhanden sein, wenigstens in denjenigen Ländern, die, wie auch Deutschland, gezwungen sind einen Theil ihrer Kriegsbedürfnisse im Auslande zu decken. „Internationale Zahlungsmittel" sind aber nicht nur die Goldmünzen einer Goldwährung, sondern auch Waaren aller Art, die den Gegenstand des Exporthandels bilden, ferner Werthpapiere, die veräußert werden können, und nicht zum wenigsten die Zinsguthaben des Inlands im Auslande. Solche „internationale Zahlungsmittel" stehen aber auch bei einer Papierwährung zur Verfügung. Freilich ist nicht zu leugnen, daß der Waarenexport im Kriege stockt. Es stockt aber auch der Import und, um die Differenz zu decken, ist ja der Kriegsschatz vorhanden. Unrichtig wäre es zu meinen, daß der Krieg eine bedeutende Steigerung des Imports nach sich ziehen und demgemäß die Zahlungen an das Ausland erheblich vermehren müsse. Das ist in unseren modernen, auf den Krieg gerüsteten Staaten keineswegs der Fall, selbst nicht in Ländern, welche ihren Bedarf an Brodfrüchten zum Theil aus dem Auslande beziehen müssen, obwohl bedeutende Vorräthe gerade in dieser Beziehung nicht aufgespeichert werden können. Der Krieg erzeugt ja keinen besonderen Mehrbedarf der Gesammtheit des Volkes, sondern bringt nur insofern eine Aenderung hervor, als er die Versorgung der zum Heere eingezogenen Mannschaften, die im Frieden für sich selbst sorgen, dem Staate auferlegt. Endlich dauert der ausländische Credit eines reichen und mächtigen Staates auch im Kriege fort, und es würde daher nicht schwer werden oder doch keine übermäßigen Opfer kosten, die erforderlichen Gegenwerthe für Kriegslieferungen des Auslandes im Auslande selbst anzuleihen.

---

*) Vergl. Seite 14,15.

4. Die Gefahr einer Benachtheiligung der einheimischen Production bei sinkenden Goldpreisen.

Ein letztes Bedenken müssen wir selbst anregen, um es zu widerlegen, ehe es von anderer Seite erhoben wird.

Die Einführung einer Papierwährung und zwar auch einer Papierwährung mit Goldreserve für den Auslandsverkehr führt die Gefahr herauf, daß die Concurrenzfähigkeit der Staaten mit offener Goldwährung erhöht und die Kaufkraft dieser Staaten geschwächt wird, wenn die Goldpreise fallen, so daß dann eine Benachtheiligung der einheimischen Production eintreten müßte. Daß diese Gefahr wirklich vorhanden ist, bedarf noch der näheren Darlegung.

Es ist bekannt und historisch erwiesen, daß ein Sinken des Silberpreises für Länder mit offener Goldwährung wie Deutschland und England die hier erwähnten Uebelstände hervorruft. Das Sinken des Silberpreises wirkt nämlich in Ländern mit offener Silberwährung, wie es z. B. Indien war, ehe es seine Münzstätten (im Juni 1893) dem Silber verschloß, gegenüber Ländern mit Goldwährung einerseits wie eine Exportprämie andererseits wie ein Schutzzoll und fördert dementsprechend die Ausfuhr nach diesen Ländern, hemmt aber die Einfuhr von dort. Diese vielbeklagte Wirkung der Entwerthung des Silbers ist leicht verständlich. Man berücksichtige nur, daß im internationalen Verkehr zwischen Ländern mit verschiedener Währung zum Zwecke der Verwerthung von Forderungen und der Beschaffung von Zahlungen eine Umwandlung des einen Geldes in das andere stattfinden muß, und daß diese Umwandlung bei offener Währung in der Weise sich vollzieht, daß das Währungsmetall des einen Landes gegen dasjenige des anderen ausgetauscht und im Heimathsstaate unter Benutzung der Prägungsfreiheit zu einheimischen Währungsgelde ausgemünzt wird. Aendert sich nun das Preisverhältniß der beiderseitigen Währungsmetalle, so muß auch das Ergebniß des Austausches dieser Metalle und bei unverändertem Münzfuße im eignen Lande auch der Gelderlös sich ändern. Sinkt das Silber im Preise, so kann der Exporteur des Silberlandes für das im Auslande erhaltene Goldgeld um so mehr Silber, der Exporteur des Goldlandes aber für das im Silberlande erhaltene Silbergeld um so weniger Gold eintauschen. Soweit nun Gold und Silber unter den gleichen Bedingungen wie zuvor ausgemünzt werden können, und Goldgeld und Silbergeld im Inlande ihre Kaufkraft behalten — wie das wenigstens zunächst immer der Fall ist —, erlangt der Exporteur des Silberlandes gegen früher einen Extragewinn wie in Folge der Gewährung einer Exportprämie, während der Exporteur des Goldlandes einen Verlust erleidet, wie wenn das Silberland einen Schutzzoll eingeführt hätte.

Ein thatsächlicher Austausch der Valuta des einen Landes gegen diejenige des anderen Landes findet nun allerdings, wie schon erörtert, nur in geringem Umfange statt, weil der internationale Verkehr sich des Wechsels als Zahlmittel bedient. Die Wechselcourse werden aber durch eine Veränderung des Preises der Währungsmetalle in der gleichen Weise beeinflußt, weil die Grenzen der Coursschwankungen dieser Wechsel, die sogenannten Metallpunkte, entsprechend erhöht bezw. herabgedrückt werden. Die Metallpunkte bezeichnen, wie wir oben S. 57 gesehen haben, diejenigen Coursstände, bei welchen es nicht vortheilhafter ist die internationalen Verbindlichkeiten im Wechselverkehr auszugleichen als durch Sendungen von Metallgeld, also durch eine effective Umwandlung des einen Geldes in das andere. Aendern sich nun mit den Metall-preisen die Resultate dieser Umwandlung des einen Geldes in das andere, so muß nothwendig auch eine entsprechende Aenderung der Wechselcourse eintreten. Sinkt der Silberpreis, so muß also der (durchschnittliche) Wechsel-cours auf Goldländer in Silberländern steigen und der (durchschnittliche) Wechselcours auf Silberländer in Goldländern fallen. Dementsprechend muß der Verkauf von Wechseln auf Goldländer dem Exporteur des Silberlandes einen Mehrerlös, der Verkauf von Wechseln auf Silber-länder dem Exporteur des Goldlandes einen Mindererlös einbringen, so daß auch hier für jenen die Wirkung einer Exportprämie, für diesen die Wirkung eines Schutzzolls eintritt. Unter diesen Umständen muß das Sinken des Silberpreises die Exportfähigkeit der Länder mit offener Silberwährung gegenüber Ländern mit offener Goldwährung erhöhen und ihre Importfähigkeit zu deren Nachtheil herabsetzen.

Das Gleiche gilt nun, wenn auch in abgeschwächtem Maße, für den Verkehr zwischen Ländern mit offener Silberwährung und Ländern mit geschlossener Währung, insbesondere Papierwährung. Eine Entwerthung des Silbers *) muß nämlich das Resultat einer Umwandlung des Papier-geldes in Silbergeld in dem gleichen Maße verbessern, wie das bei der Umwandlung des Goldgeldes in Silbergeld der Fall ist; denn die Kauf-kraft des Papiergeldes gegenüber dem Silber steigt ja ebenso sehr wie diejenige des Goldgeldes, und die Prägungsfreiheit im Silberlande sichert in beiden Fällen den gleichen Gewinn. Außerdem muß sie aber auch das Resultat einer Umwandlung des Silbergeldes in Papiergeld ver-schlechtern, insoweit nämlich, als das Silber dazu benutzt wird, um auf dem Wege des Waarenimports das erforderliche Papiergeld zu beschaffen **).

*) Das Sinken des Silberpreises, in Gold gemessen, wie das gewöhnlich geschieht, kann natürlich auch auf einer Vertheuerung des Goldes beruhen. Soweit dasselbe hierauf zurückzuführen ist, kann es natürlich für Länder mit Papier-währung nicht in Betracht kommen. Diesen gegenüber ist nur eine wirkliche Ent-werthung des Silbers an einem unveränderten Maßstabe gemessen, von Einfluß.

**) Vergl. die Ausführungen auf S. 55 56.

Dementsprechend werden aber die Course der Wechsel auf Länder mit Papierwährung steigen, während die Course der Wechsel auf Silberländer herabgehen. Es treten also auch hier die Wirkungen einer Gewährung von Exportprämien bezw. einer Erhebung von Schutzzöllen im Silberlande ein. Demnach übt die Entwerthung des Silbers auch für Länder mit Papierwährung einen ungünstigen Einfluß aus, soweit sie mit den Silberländern in Concurrenz treten oder in den Silberländern selbst Absatzgebiete für ihre Producte suchen.

In Ländern mit Papierwährung müssen nun bei einer Entwerthung des Goldes im Verkehr mit Goldwährungsländern die gleichen Nachtheile sich ergeben, wie sie bei einer Entwerthung des Silbers im Verkehr mit Silberländern eintreten. Für den Fall der reinen Papierwährung liegt das auf der Hand. Es gilt aber auch für den Fall der Papierwährung mit Goldreserve für den Auslandsverkehr. Denn, da hier das Austauschverhältniß zwischen Papiergeld und Gold principiell durch den Marktpreis des Goldes bestimmt werden soll, und da die Prämienpolitik der leitenden Bank auch bei unveränderten gesetzlichen Ankaufs- und Verkaufspreisen für das Gold dahin wirkt, dieses Princip (wenigstens nach Ueberschreitung des prämienfreien Betrages) jeder Zeit in Wirklichkeit umzusetzen, so muß ein Sinken des Goldpreises die Kaufkraft des Goldes gegenüber Papiergeld herabsetzen und umgekehrt die Kaufkraft des Papiergeldes gegenüber Gold erhöhen, ebenso wie das bei einer reinen Papierwährung geschieht.

Ein Sinken des Goldpreises ist nun heutzutage keineswegs ausgeschlossen. Nehmen wir einmal an, daß Deutschland zur Papierwährung mit Goldreserve überginge, so würde von seinem auf 2350 Millionen Mark geschätzten Golde, wenn etwa der Kriegsschatz und die Goldreserve der Reichsbank (sehr reichlich) auf zusammen 1000 Millionen bemessen werden, ein Betrag von 1350 Millionen Mark entbehrlich werden, der, falls er dem Markte zur Verfügung gestellt würde, einen erheblichen Druck auf den Goldpreis ausüben müßte. Dieser Druck würde natürlich verstärkt werden, wenn gleichzeitig oder nach kurzer Frist noch andere Goldwährungsstaaten die Papierwährung bei sich einführten. Daß letzteres geschieht, wäre aber zu erwarten; denn die Verhältnisse Deutschlands sind von denen Englands und Frankreichs nicht sehr verschieden, und es muß angenommen werden, daß, wenn in Deutschland sich die Ueberzeugung von der Richtigkeit der Papierwährung Bahn zu brechen vermag, das Gleiche auch in Frankreich und England geschehen würde. Das gesammte Mehrangebot von Gold in Folge der Demonetisation desselben in diesen drei Staaten wäre vielleicht auf 4½ Milliarden Mark zu schätzen. Wenn es nun auch wahrscheinlich ist, daß andere Länder, welche jetzt noch eine reine Papierwährung oder eine Silberwährung besitzen (z. B. Indien), ebenfalls zur Papierwährung mit Goldreserve übergehen würden, um des Vortheils der Stabilisirung ihrer Wechselcourse theilhaftig zu werden, und wenn ferner auch die Industrie ihren Bedarf erweiterte, wie dies bei einem Sinken des Goldpreises gewiß nicht ausbleibt; wenn also auch Momente vorhanden sind, welche in entgegengesetzter Richtung wirken, so würden doch diese gewiß nicht im Stande sein, das Mehrangebot von 4½ Milliarden Mark Gold und, was ferner zu beachten ist, den zugleich entstehenden Ausfall an Nachfrage zu monetären Zwecken auszugleichen. Ein Preissturz des Goldes liegt also keineswegs außerhalb des Bereichs der practischen Möglichkeit. Ebensowenig ist es aber ausgeschlossen, daß dieser oder jener Staat, welcher bei der Goldwährung verbleibt, seine Prägestätten dem Golde auch dann offen hält, wenn es im Preise sinkt, obwohl eine übermäßige Vermehrung des Geldumlaufs durch Neuprägungen für private Rechnung eintreten und dadurch die Werthconstanz des Geldes, wie wir gesehen haben, beeinträchtigt werden würde. In denjenigen Staaten, die mit Deutschland auf gleicher Culturstufe stehen und die es sich zur Aufgabe machen die Werthconstanz des Geldes zu erhalten, wird das allerdings nicht geschehen. In anderen Ländern dagegen ist es keineswegs ausgeschlossen. Sofern nun diese letzteren so weit entwickelt sind, daß ihre Production das eigne Land zu versorgen und außerdem noch mitwerbend auf den Weltmarkt aufzutreten vermag, würde eine Benachtheiligung der Production in denjenigen Ländern, welche die Papierwährung mit Goldreserve bei sich eingeführt hätten, unausbleiblich sein. Die von uns vorausgesetzte Gefahr, welche den Gegenstand des hier erhobenen Bedenkens bildet, ist also wirklich vorhanden.

Nun ist aber zu beachten, daß Deutschland, wenn es allein zur Papierwährung übergeht, in der Lage ist das Eintreten dieser nachtheiligen Folgeerscheinung auszuschließen, indem es von dem ersparten Golde nur so viel veräußert, als es geschehen kann, ohne den Preis des Goldes überhaupt oder doch wesentlich herabzudrücken. Ferner kommt in Betracht, daß auch alle anderen Staaten, welche zur Papierwährung übergehen, das gleiche Interesse daran haben ein Sinken des Goldpreises zu verhindern, so lange noch irgendwo in der Welt oder doch in irgend einem Lande von Bedeutung die offene Goldwährung existirt. Deshalb kann aber für den Fall, daß mehrere Staaten von der Goldwährung zur Papierwährung übergehen, ohne alle Schwierigkeit eine internationale Vereinbarung geschlossen werden, welche die Veräußerung des Goldes seitens aller Staaten so regelt, daß ein Sinken des Goldpreises verhindert wird. Einer internationalen Vereinbarung bedarf es hierzu allerdings; denn sonst würde kein Staat, wenn er auch ein eignes Interesse daran hat das Sinken des Goldpreises zu verhindern, sich davon abhalten lassen, wenigstens bei dem ersten Anzeichen eines Steigens des Goldpreises seine Vorräthe auf den Markt zu werfen, und ein Zusammentreffen von Verkäufen mehrerer Staaten würde das von allen gefürchtete Resultat eines Sinkens des Goldpreises wirklich hervorrufen. Sollte aber eine internationale Vereinbarung nicht zu Stande kommen und vielmehr der eine oder der andere Staat trotz der daraus zu erwartenden Schädigung der einheimischen Production sein Gold auch bei sinkenden Preisen zum Verkauf bringen, so wären die übrigen dennoch in der Lage sich zu schützen. Es giebt nämlich ein Mittel, um die nachtheiligen Folgen eines solchen Vorgehens abzuwenden. Wir denken nicht an die Erhebung von Schutzzöllen; denn diese würden der einheimischen Production im günstigsten Falle nur den Inlandsmarkt sichern können, und auch dieser Erfolg wäre zweifelhaft, da die Einführung solcher Zölle gegenüber allen Staaten ausgeschlossen erscheint, die differentielle Behandlung eines einzelnen Staates aber, wie die Erfahrungen bei Gelegenheit des jüngsten Zollkrieges zwischen Deutschland und Rußland ergeben haben, im Allgemeinen unwirksam ist. Es giebt aber ein anderes Mittel von unfehlbarer Sicherheit: der Aufkauf der den Preisdruck veranlassenden Menge Goldes. Ein solcher Aufkauf würde vielleicht schon von einem einzelnen Staate allein in völlig ausreichender Weise ausgeführt werden können; jedenfalls wäre das aber möglich, wenn mehrere Staaten, Deutschland, England, Frankreich, wie wir oben supponirt haben, sich zum Schutze ihrer eignen Production hierzu verbündeten. Die Anwendung dieses Mittels würde freilich mit Opfern für die Staatskasse verknüpft sein; indessen diese Opfer könnten schon deshalb nicht schwer in's Gewicht fallen, weil der Kaufpreis für das ausländische Gold (wenigstens zum Theil) mit Waaren bezahlt werden müßte, und die Entrichtung einer solchen Zahlung der inländischen Produktion einen neuen Aufschwung verleihen würde.

Bei der vorhin aufgestellten Behauptung, daß der Staat in der Lage sei den Verkauf des Goldes so zu reguliren, daß ein Sinken des Goldpreises verhindert würde, haben wir stillschweigend vorausgesetzt, daß der Staat sich im Augenblicke des Uebergangs zur Papierwährung im Besitze der gesammten Goldcirculation befindet. Letzteres ist aber keineswegs der Fall. Das Gold befindet sich vielmehr im Umlaufe, und ein Zwang zur Ablieferung desselben an die Staatskasse kann nicht wohl ausgeübt werden oder würde doch kaum den gewünschten Erfolg haben. Es wäre daher denkbar, daß diejenigen, welche das Goldgeld besitzen, es vorziehen, dasselbe nach dem Auslande zu verkaufen, anstatt es gegen Papiergeld umzutauschen, so daß dann doch ein Preissturz des Goldes herbeigeführt würde. Die Rücksicht auf die schlimmen Folgen eines solchen Preissturzes für die Gesammtheit würde den einzelnen von dem Verkaufe nicht zurückhalten; denn der einzelne disponirt (von Ausnahmen abgesehen) nie anders als in der Richtung, in welcher für ihn der größte Vortheil liegt. Es ist nun aber zu beachten, daß gerade das Streben, den größten Vortheil zu erlangen, bei der Einführung einer Papierwährung jedermann veranlassen muß, sein Gold gegen Papiergeld umzutauschen und es damit dem Staate zu überlassen. Denn, da das Goldgeld im Inlande zum Nennwerthe gegen (gleichwerthiges) Papiergeld ausgetauscht wird, so könnte eine Veräußerung nach dem Auslande nur dann größere Vortheile bieten, wenn der Goldpreis im Augenblicke des Währungs-wechsels plötzlich stiege. Bleibt er auf den bisherigen Niveau oder fängt er gar an zu sinken, so wird jeder den Umtausch gegen Papiergeld vor-ziehen, um so mehr, da ein Verkauf des Goldes nach dem Auslande Kosten verursacht. Nun ist aber ein Steigen des Goldpreises in dem Augenblicke der Demonetisation des Goldes an sich schon nicht zu erwarten und es liegt außerdem in der Hand des Staates ein solches Steigen absichtlich, eventuell durch Blancoverkäufe von Gold, zu verhindern. End-lich würde die Gewährung einer geringen Prämie beim Austausche des bisherigen Goldgeldes gegen Papiergeld ein unfehlbares Mittel bieten, um das Einströmen der gesammten Umlaufsmenge Goldgeldes in die Kassen des Staates zu sichern.

Ein Punkt bleibt noch zu erörtern. Die Veräußerung des Goldes kann der einheimischen Production unter Umständen auch in anderer Weise Nachtheil bringen. Ein Nachtheil würde nämlich dann ent-stehen, wenn der Gegenwerth des Goldes in Waaren stipulirt würde, die den Gegenstand der einheimischen Production bilden. Das darf na-türlich nicht geschehen. Es kann aber auch vermieden werden; denn die Verwerthung des Goldes kann ja auch in der Weise erfolgen, daß andere Waaren oder aber Werthpapiere (insbesondere einheimische Schuld-verschreibungen) angekauft werden.

D. Die Vortheile eines Uebergangs zur Papierwährung mit Goldreserve für den Auslandsverkehr.

Wir haben im Laufe unserer Erörterungen die Vorzüge der Papierwährung vor der Metallwährung, und zwar auch vor der offenen Goldwährung, zumeist schon einzeln hervorgehoben. Es wird aber zweckmäßig sein, dieselben hier noch einmal kurz zusammenzustellen.

Vorauszuschicken ist, daß der Hauptvorzug der Papierwährung in der Aufhebung der unnöthigen und nachtheiligen Verquickung des Geldwesens mit der Preisbewegung der Edelmetalle und in der Rückgabe der Münzhoheit an den Staat als den besten Hüter der Werthconstanz des Geldes besteht. Im einzelnen gelangen wir zu der folgenden Aufzählung.

Vortheile eines Uebergangs zur Papierwährung sind:

1) die Beseitigung der Gefahr einer Beeinträchtigung der Werth-constanz des Geldes durch die willkürliche Vermehrung oder Verminderung seiner Menge, wie sie bei einer offenen Metall-währung einerseits in Folge der Ausprägung von Metall-geld auf Privatrechnung, andererseits durch die Einschmelzung und den Export desselben geschieht;

2) die Beseitigung der Hauptursachen für die Entstehung von Geld- und Creditkrisen: einerseits durch die (bereits erwähnte) Verhinderung des Geldexports nach dem Auslande, andererseits durch die Befreiung der Notenbanken von der Rücksicht auf die Größe ihres Metallvorraths bei der Notenausgabe;

3) die Besserung der Productionsbedingungen für die einheimische Production im Allgemeinen: durch die Ausschließung anormaler Erhöhungen und Schwankungen des Bankdiscontts und des Zinsfußes überhaupt, soweit solche durch den Export von Metallgeld hervorgerufen werden;

4) die Verhinderung einer Stärkung der Exportfähigkeit und einer Schwächung der Importfähigkeit aller Länder mit

anderer als Goldwährung, die im Falle der Beibehaltung der
Goldwährung mit der ferneren Appreciation des Goldes
eintreten würde;

5) die Ermöglichung einer sicheren Regelung des internationalen
Verkehrs aller Länder auf der Basis des Goldes bei An-
nahme der Papierwährung mit Goldreserve abseiten aller
Staaten;

6) die Nutzbarmachung eines bisher brach liegenden Theils des
Volksvermögens durch die anderweitige Verwerthung des vorhandenen Metallgeldes.

Einer näheren Erläuterung bedürfen nach unseren früheren Ausführungen nur noch die beiden letzten Punkte.

Wie groß die Vortheile sind, welche die einheitliche Regelung
des internationalen Verkehrs durch die Einführung der Papierwährung
mit Goldreserve in allen Staaten der Welt dem Handel bringen würde,
brauchen wir mit Rücksicht darauf, daß die Beseitigung der Verschieden-
artigkeit der herrschenden Währungen schon seit langer Zeit von allen
Seiten herbeigewünscht und angestrebt wird, nicht weiter darzulegen.
Wohl aber ist hervorzuheben, daß das verfügbare Gold hierzu ausreicht.
Die „Golddecke" ist nicht mehr „zu kurz", wenn kein Land einen größeren
Zipfel für sich begehrt, als es zur Herstellung und Erhaltung einer hin-
reichenden Goldreserve für den Auslandsverkehr erforderlich ist. Das
unterliegt keinem Zweifel. Wir haben früher schon erörtert, wie verhältnißmäßig gering der Bedarf an Gold zur Regelung des internationalen
Verkehrs ist (S. 60/61), und haben auch darauf hingewiesen, wie groß die
Goldvorräthe der Welt sind und um wie viel sie sich durch die Production
jährlich vergrößern (S. 29). Die Golddecke dürfte daher schon bei einem
Goldpreise in der Höhe des jetzigen Münzfußes lang genug sein. Wäre
das aber nicht der Fall, so stände nichts im Wege, die Relation zwischen
dem Papiergelde und dem Golde zu erhöhen, — das Pfund Gold also
nicht mehr zu 1392 Mark, dem jetzigen Münzfuße in Deutschland entsprechend, sondern zu höheren Preisen zu verkaufen — und auf diese
Weise den Bedarf der einzelnen Staaten an Gold herabzusetzen. Eine
solche Aenderung kann ja jeder Zeit herbeigeführt werden.

Was ferner den letzten Punkt anlangt, so ist es zweifellos ein
Vortheil von bemerkenswerther Bedeutung, daß die Einführung der
Papierwährung es gestattet, den Goldreichthum, welcher bisher zur Aus-
stattung des Geldkörpers verschwendet wurde, anderweitig zu rwenden
bezw. durch Veräußerung für die Gesammtheit in anderer Richtung nutz-
bar zu machen. Dieser Vortheil darf aber nicht überschätzt werden.
Zunächst ist ja nicht die gesammte in einem Lande vorhandene Menge
Goldes entbehrlich; denn die Goldreserve der leitenden Bank wird, wenn

wir die deutschen Verhältnisse in Betracht ziehen, ca. 600 Millionen absorbiren und der Kriegsschatz, wenn er nicht, wie oben S. 15 vorgeschlagen, in sicheren Werthpapieren angelegt werden sollte, mag vielleicht auf 400 Millionen gebracht werden müssen. Dann würde in Deutschland von dem Gesammtvorrathe von 2350 Millionen Mark Gold noch ein Betrag von 1350 Millionen verfügbar bleiben. Diese Millionen bestehen aber nicht in Geld, sondern in einer Menge Goldes, und diese Menge Goldes ist keineswegs sofort in den entsprechenden oder auch nur in einen geringeren Geldbetrag oder in sonstige Güter umzusetzen; denn die Veräußerung darf ja, um eine Schädigung der einheimischen Production zu verhüten, wenigstens so lange, als irgendwo noch eine offene Goldwährung existirt, nur dann und nur insoweit erfolgen, als das geschehen kann, ohne einen Preissturz des Goldes hervorzurufen. Die Veräußerung kann sich also lange hinziehen, und in der Zwischenzeit könnte das Gold nur etwa dadurch nutzbar gemacht werden, daß der Staat Prunkgegenstände für öffentliche Zwecke anfertigen ließe, und damit einer Anzahl seiner Unterthanen Arbeit und Brod gäbe.

Die Chancen der Verwerthung des Goldes sind natürlich bedeutend besser, wenn zunächst nur ein Goldwährungsstaat allein zur Papierwährung übergeht, und es würde vielleicht eine sofortige Veräußerung möglich sein, wenn etwa gleichzeitig einige Staaten mit Papierwährung oder Silberwährung (z. B. Indien) sich entschließen, zum Zwecke der Stabilisirung ihrer Wechselcourse im Auslandsverkehr eine Goldreserve anzulegen. Hierin liegt gewissermaßen eine Prämie für denjenigen Staat, der es unternimmt, den übrigen als Wegweiser voranzugehen.

An letzter Stelle müssen wir noch eines besonderen Vorzugs der Papierwährung gedenken, der zwar nicht einer bestehenden Metallwährung gegenüber in Betracht kommt, im Uebrigen aber die volle Aufmerksamkeit verdient. Das ist die Einfachheit ihrer Einführung.

Zur Einführung einer Papierwährung und zwar auch einer Papierwährung mit Goldreserve bedarf es keiner langwierigen internationalen Vereinbarungen. Jeder Staat kann sie allein und selbstständig bei sich einführen und erlangt ihre Vortheile, welche Maßnahmen die übrigen auch immer treffen mögen. Die „Relation" zwischen dem neuen und dem alten Gelde, deren Feststellung bei Einführung einer offenen Metallwährung so schwierig ist, weil die Preise des Geldmetalls durch die Vermehrung der Nachfrage nach demselben gesteigert werden, und deren unrichtige Feststellung so schlimme Folgen hervorruft, kann hier einem Zweifel nicht unterliegen, weil ein Münzfuß überhaupt nicht in Frage kommt. Die Durchführung des Währungswechsels selbst ist

6*

höchst einfach). Dazu bedarf es nur der Einziehung der bisherigen Währungs-
münzen und deren Ersetzung durch Papiergeld von gleichem Nennwerth
(was in Deutschland durch eine einfache Vermehrung der Reichskassenscheine geschehen könnte)*), da die Scheidemünzen im Umlaufe bleiben; —
wenn es sich nicht etwa empfiehlt, die größeren unter ihnen (z. B. die
deutschen Fünfmarkstücke) ebenfalls durch Papiergeld zu ersetzen. Endlich
macht auch die Einrichtung der „Goldreserve" keine Schwierigkeiten.
Der erforderliche Goldvorrath der Centralbank ist ja (wenigstens in
Ländern mit offener Goldwährung) bereits vorhanden. Die Preise für
den Ankauf und den Verkauf des Goldes können aber nur dem bisherigen Münzfuße bezw. dem derzeitigen Marktpreise entsprechen;
denn der Marktpreis des Goldes bleibt derselbe, weil das eingezogene Goldgeld nicht auf den Markt geworfen, sondern einstweilen
aufgespeichert und nur dann, aber dann immer veräußert wird, wenn
das geschehen kann, ohne ein Sinken des Preises hervorzurufen.
Einer besonderen Ueberlegung bedürfen nur die Bestimmungen darüber,
welche Beträge an Gold die Centralbank ohne Prämie zu dem gesetzlichen Preise ankaufen und verkaufen darf, und wie hoch die Prämie
im Falle der Ueberschreitung dieser Grenzen zu bemessen ist. Dafür
bieten aber die practischen Erfahrungen der Banken genügende und
sichere Anhaltspunkte. Schwierigkeiten stellen sich also einer solchen
„Valutaregulirung" nicht entgegen.

Eine Besonderheit der Papierwährung mit Goldreserve ist es
endlich noch, daß sie auch versuchsweise eingeführt werden kann, ohne
daß dieser Versuch oder daß die Rückkehr zu den alten Verhältnissen im
Falle seines Mißlingens besondere Kosten verursachte. Die Ausgabe des
Papiergeldes erfordert ja nur die Aufwendung von Papier- und Druckkosten,
und die Rückkehr zur Metallwährung kann jederzeit ohne Weiteres erfolgen, so lange das eingezogene Gold noch nicht veräußert ist. Ein
Uebergang von der Silberwährung zur Goldwährung und umgekehrt
wäre nicht so leicht möglich, weil hier das alte Metallgeld dazu verwendet
werden müßte, um das Geldmetall des neuen zu bezahlen.

---

*) Die Reichskassenscheine müßten natürlich mit gesetzlicher Zahlkraft ausge-
stattet und für uneinlösbar erklärt werden.

www.ingramcontent.com/pod-product-compliance
Lightning Source LLC
Chambersburg PA
CBHW071115210326
41519CB00020B/6301